Stephanie Reisberger

Adventskalender

24 weihnachtliche Kurzgeschichten

Die Deutsche Nationalbibliothek verzeichnet diese Publikation in der Deutschen Nationalbibliografie; detaillierte bibliografische Daten sind im Internet über dnb.dnb.de abrufbar. Die Schweizerische Nationalbibliothek (NB) verzeichnet aufgenommene Bücher unter Helveticat.ch und die Österreichische Nationalbibliothek (ÖNB) unter onb.ac.at.

Stephanie Reisberger:
Adventskalender – 24 weihnachtliche Kurzgeschichten
ISBN 978-3-03830-782-2
Illustrationen: VERENA koegel-hardtmuth

Paramon ist ein Imprint der Europäische Verlagsgesellschaften GmbH
Erscheinungsort: Zug

Sie finden uns im Internet unter: www.paramon.de

Stephanie Reisberger

Adventskalender

24 weihnachtliche Kurzgeschichten

mit Illustrationen von
VERENA koegel-hardtmuth

Paramon Kinder

Inhalt

Das Regenbogeneinhorn und die kleine Weihnachtsfee

Es war einmal ein wunderschönes Einhorn – es war kein gewöhnliches Einhorn, sondern etwas ganz Besonderes!
Es hatte atemberaubende regenbogenfarbene Glitzersträhnen in Mähne und Schweif, die in der Dunkelheit leuchteten. Das Einhorn wusste durchaus wie wunderschön und einzigartig es war, aber vor allem war das Einhorn eines – nämlich einsam. Es beobachtete jeden Tag wie die anderen Einhörner miteinander spielten, lachten, tanzten und gemeinsam Spaß hatten. Wie gerne wäre es einer von Ihnen gewesen …
Eines Tages, kurz vor Weihnachten, begegnete dem Regenbogeneinhorn eine kleine Weihnachtsfee.
Die Fee guckte verdutzt: „Nanu, wieso machst Du denn ein so trauriges Gesicht liebes Einhorn?"
Einhorn: „Während alle anderen Einhörner gemeinsam spielen und Spaß haben, bin ich zwar das Schönste von allen, *seufzt* … aber ich bin ganz alleine!"
Weihnachtsfee: „Weißt Du liebes Einhorn, meistens ist man glücklicher, wenn man schöne Dinge miteinander teilt!!"
Einhorn: „Wie meinst du das?"
Fee: „Stell Dir mal vor: ALLE Lebewesen hier auf der Erde sind besonders – egal welche Farbe, ob groß oder klein, dick oder dünn – JEDER von Euch ist besonders und einzigartig! Nicht nur wenn man Glitzersträhnen hat, sondern einfach so von Geburt an! Freude und Glück werden nicht weniger, wenn man sie teilt – ganz im Gegenteil – sie VERDOPPELN sich ☺ Teile Deine besonderen Glitzersträhnen mit den Anderen und Ihr werdet alle noch einzigartiger sein und Du ein Teil von ihnen!"
Das Einhorn dachte lange über die Worte der Weihnachtsfee nach. Es wäre ja immer noch besonders schön, aber die anderen eben auch…
So beschloss das Regenbogeneinhorn den anderen Einhörnern zu Weihnachten je eine Glitzersträhne zu schenken.
Die Einhörner freuten sich tierisch und trabten stolz, mit wehenden Mähnen durch die kalte Weihnachtsnacht.
Alle gemeinsam – jeder besonders und einzigartig ☺
Das Regenbogeneinhorn dachte für sich: Die kleine Weihnachtsfee hatte recht! Freude und Glück verdoppeln sich, wenn man sie teilt ☺

Die etwas anderen Rentiere

Es war kurz vor Weihnachten, die Geschenkproduktion lief auf Hochtouren, die Weihnachtswichtel arbeiteten Schichtdienst – alle Vorbereitungen waren in den letzten Zügen.
Der Weihnachtsmann wollte bei seinen Rentieren nach dem Rechten sehen, als er seinen Augen kaum traute: zwei seiner Rentiere hatten eine fiese Rentiergrippe erwischt! Sie schnupften und niesten, waren ganz schlapp und bekamen schlecht Luft – so konnten sie unmöglich in zwei Tagen den vollen Weihnachtsschlitten ziehen! Die Rentiere waren ratlos …

Jeff und Jerry gingen eine Runde joggen, um noch fitter zu sein und ihren Kopf auszulüften, vielleicht würde ihnen ja unterwegs eine rettende Idee kommen.
Als sie so durch die Wälder liefen, sahen sie auf einmal weiße Rentiere! Beide waren völlig verblüfft!
Sie fragten: „Wer seid ihr denn?? Und wieso seid ihr weiß?"
Die weißen Rentiere guckten ganz verdutzt und antworteten: „Wer seid IHR denn und wieso seid ihr braun???"
Jeff und Jerry antworteten im Chor: „Wir sind die Rentiere vom Weihnachtsmann, wir ziehen den Schlitten mit all den Geschenken und ihr?"
„Wir sind weiße Rentiere und verschönern die Winterlandschaft!"
Da kam Jeff plötzlich die Idee: „Habt ihr Lust auf ein ganz besonderes Abenteuer? Ihr könntet mit uns den Schlitten vom Weihnachtsmann ziehen!"
Die weißen Rentiere schauten sich begeistert an – das war eine willkommene Abwechslung und oben drein eine große Ehre ☺
Am Rückweg zum Stall erzählten Jeff und Jerry den beiden, wie es überhaupt zu dieser Situation gekommen war. Voller Begeisterung liefen sie flotten Schrittes zum Weihnachtsmann und den anderen, um ihnen von ihrer genialen Idee zu erzählen.
Das neue Rentiergespann war ein starkes Team, und nebenbei auch sehr besonders anzusehen, alle Geschenke konnten pünktlich zu Weihnachten ausgeliefert werden und der Weihnachtsmann selbst war überglücklich!
Wer hätte gedacht, dass weiße Rentiere einmal Heilig Abend retten würden.

Was war bloß bei den Engeln los???

Jedes Jahr an Weihnachten flogen die großen Engel am Weihnachtsabend ans Himmelstor, wo der Engelschor die allerschönsten Lieder sang. Die kleinen Engerl durften noch nicht mitfliegen, weil ihre Flügel noch im Wachstum waren und sie die weite Strecke noch nicht schafften. Die großen Engel machten sich darüber lustig und ärgerten die Kleinen.
„Ällerbätsch – hahahahahaha", die großen Engel flogen zungezeigend umher, „ihr seid noch viel zu klein um mit ans Himmelstor zu fliegen!"
Sie flogen im Kreis um die kleinen Engerl, die sich furchtbar ärgerten, dass sie noch nicht so schnell fliegen konnten. Soooo gerne würden sie auch schon mit ans Himmelstor fliegen und im großen Engelschor singen. Die kleinen Engerl waren sehr traurig!
„Ihr seid so gemein!", gaben da die kleinen Engerl zurück. „Wir wollen auch mit ans Himmelstor! Immer dürfen nur die Großen, die coolen Sachen machen und wir müssen zu Hause bleiben." Sie verzogen ganz traurige Gesichter.
Da kam das Christkind ihres Weges und wunderte sich, warum die kleinen Engerl heute so ein betrübtes Gesicht machten?! Sonst waren sie voller Freude und Glück, immer mit einem frechen Spruch auf den Lippen …
„Was ist denn mit Euch los?", fragte das Christkind die kleinen Engerl. „Ihr seht ja aus wie drei Tage Regenwetter! Und das obwohl heute Weihnachtsabend ist?"
Die kleinen Engerl berichteten dem Christkind, wie gemein die großen Engel zu ihnen gewesen waren, und dass sie sich nichts sehnlicher wünschten, als auch mit ans Himmelstor zum großen Engelschor fliegen zu dürfen.
Daraufhin fasste das Christkind in seine Tasche, holte eine Hand voll Sternenstaub heraus und pustete ihn über die kleinen Engerl. Da flitzen die Kleinen in einem Turbotempo los und an den großen Engeln vorbei, die gar nicht wussten wie ihnen geschah! Seit wann konnten denn die kleinen Engerl SO SCHNELL fliegen???
Die Engelchen hatten die größte Freude – auch sie hatte das Christkind an diesem besonderen Abend unglaublich glücklich gemacht! Und so flogen sie alle gemeinsam ans Himmelstor – allen voran die kleinen Flitze-Engerl – um am Weihnachtsabend dort zu singen.
Weihnachten war gerettet ☺

Der Weihnachtsmuffel und sein persönliches kleines Weihnachtswunder

Der Weihnachtsmuffel – überall bekannt – überall gefürchtet.
Groß, struppig, mit laaaangen unheimlichen roten Haaren, immer grimmig und schlecht gelaunt … ein unangenehmer Zeitgenosse.
Alle Weihnachtswichtel, Engel, Feen und Zwerge, ja sogar die Rentiere mieden den Weihnachtsmuffel. Vor allem in der Vorweihnachtszeit, denn der Weihnachtsmuffel HASSTE Weihnachten.

Weihnachtsmuffel: „Blödes Weihnachten! Alle Menschen super glücklich und zufrieden. Friede, Freude, Eierkuchen – Blödsinn!! Ich HASSE Weihnachten!

Oberweihnachtswichtel: „Vergeblich! Kein vernünftiges Wort kann man mit dem Weihnachtsmuffel sprechen! Abgesehen davon dass er ja gar nicht zuhört ….. ein Jammer!“

Warum das so war wusste keiner so genau, außer der Weihnachtsmuffel selbst. Auch die Oberweihnachtswichtel hatten schon etliche Male versucht, ein vernünftiges Wort mit dem Weihnachtsmuffel zu sprechen und aus ihm rauszubekommen, warum er Weihnachten so sehr hasste, aber vergebens!
Bis eines Tages der Kleinste aller Weihnachtswichtel durch Zufall auf den Weihnachtsmuffel traf. Er hatte schon viel über ihn gehört, hauptsächlich Gruselgeschichten, aber noch nie hatte er ihn zu Gesicht bekommen!

Der kleine Weihnachtswichtel schaute den Weihnachtsmuffel mit groooßen Augen an.
Kleiner Weihnachtswichtel: „Wer bist du denn?“

Weihnachtsmuffel: „Kennst du mich etwa nicht?“

Der Weihnachtsmuffel war sichtlich überrascht – normalerweise mieden ihn doch alle Weihnachtswichtel, weil er so angsteinflößend und grimmig war.

Kleiner Weihnachtswichtel: „Würd ich dich kennen, hätt ich dann gefragt?“

Der kleine Wichtel war keck und scheinbar weit entfernt von beeindruckt oder ängstlich. Das imponierte dem Weihnachtsmuffel!

Weihnachtsmuffel: „ICH …bin DER WEIHNACHTSMUFFEL! Und ich HASSE WEIHNACHTEN!“

Kleiner Weihnachtswichtel: „Hahahahahaha! Wie gibt's denn sowas? Alle Menschen und alle Wesen, die ich kenne – WiRKLiCh ALLE – lieben Weihnachten!!“

Der kleine Wichtel lachte schallend auf, was den Weihnachtsmuffel noch mehr verwirrte …

Weihnachtsmufel: „Tja ich bin eben nicht alle! Und ich mag Weihnachten üüüüüberhaupt gar nicht!!“

Der kleine Wichtel konnte seinen Ohren nicht trauen. Wie war denn so etwas möglich?! Er wollte den Weihnachtsmuffel unbedingt überzeugen … aber wie?

Kleiner Weihnachtswichtel: „Nun gut Weihnachtsmuffel, ich habe eine Idee! Morgen treffen wir uns um dieselbe Zeit – genau hier. Und ich werde dir beweisen, wie toll Weihnachten ist!“

Eigentlich hatte der Weihnachtsmuffel gar keine Lust, sich umstimmen zu lassen, wo er doch so felsenfest von seiner Meinung überzeugt war. Aber der kleine Weihnachtswichtel imponierte ihm. So neugierig und furchtlos, frech und ungestüm … eine wahre Frohnatur! So gar nicht wie er selbst! Also willigte er ein!

Weihnachtsmuffel: „Also gut kleiner Wichtel, dann sehen wir uns morgen!“

Kleiner Weihnachtswichtel: „Versprochen?“

Weihnachtsmuffel: „Versprochen!“

Während der kleine Wichtel davon flitzte, um an seinem Plan zu arbeiten, überlegte der Weihnachtsmuffel für sich, ob es nicht doch langsam an der Zeit war, sein Kindheitstrauma zu bewältigen und Weihnachten wieder eine Chance zu geben … und war sie auch noch so klein.
Als er klein war, war er einmal so unartig gewesen, dass seine Mutter alle Geschenke vom Christkind versteckte und er zur Strafe nur Kohle bekam.

Von diesem Tag an hatte sich der Weihnachtsmuffel geschworen, sich nie wieder auf etwas zu freuen, um dann nicht so enttäuscht werden zu können.

Während der Weihnachtsmuffel noch in Gedanken vertieft war, hatte der kleinste Weihnachtswichtel bereits alle Oberwichtel zusammengetrommelt, um ihnen seinen Plan mitzuteilen. Die Oberwichtel standen in einem großen Halbkreis um den Kleinen und warteten ganz gespannt.

Der kleine Wichtel verkündete stolz: „IIIIIICH habe mit dem Weihnachtsmuffel gesprochen!!"

Oberwichtel: „Mit dem Weihnachtsmuffel???? Wie ist denn das möglich??"

Kl. Weihnachtswichtel: „UUUUUND der Weihnachtsmuffel hat mir versprochen …"

Die Oberwichtel unterbrachen den Kleinen: „Versprochen?? Der Weihnachtsmuffel hat noch NIE etwas versprochen???"

Kleiner Weihnachtswichtel: „Er hat mir versprochen, dass ich ihm beweisen darf, wie toll Weihnachten ist ☺ ☺ ☺!"

Die Oberwichtel waren hin und weg. Das hatte tatsächlich noch nie ein Wichtel geschafft!!

Kleiner Weihnachtswichtel: „Hört zu! Ich habe einen Plan! Aber ich brauche eure Hilfe!"

Der kleine Weihnachtswichtel erklärte den Oberwichteln den Plan, die versprachen ihn zu unterstützen und ihm zu helfen, wo sie nur konnten! Wie großartig wäre es denn, wenn der Weihnachtsmuffel nicht mehr alle Weihnachtsgeschenke und -kugeln zerstören würde, sondern Weihnachten wieder mitfeiert!!

Am nächsten Tag – selbe Zeit, selber Ort – trafen sich der Weihnachtsmuffel und der kleinste Weihnachtswichtel wieder.

Kleiner Weihnachtswichtel: „Grüß dich Weihnachtsmuffel!"

Weihnachtsmuffel grimmig: „Hallo!"

Kleiner Weihnachtswichtel: „Bereit?"

Weihnachtsmuffel: „Wenn's denn sein muss!"

Was der Weihnachtsmuffel nicht wusste war, dass der kleine Wichtel eine ganz besondere Gabe hatte, die er so gleich live miterleben durfte.

Kleiner Weihnachtswichtel: „Sieh' mich an!", sagte der kleine Wichtel zum Weihnachtsmuffel, der abermals ziemlich verwundert war, wie viel Mut dieser kleine Weihnachtswichtel doch hatte. Der Weihnachtsmuffel sah dem Wichtel tief in die Augen.

Kleiner Weihnachtswichtel: „Weißt du, wie man gute Laune und Weihnachtsfreude verbreitet?"

Weihnachtsmuffel: „Na da frägst du wohl den Falschen, meinst du nicht?"

ZACK hatte der kleine Wichtel den Weihnachtsmuffel an der Nasenspitze berührt und der Weihnachtsmuffel konnte gar nicht anders als loszulachen, obwohl ihm soooo viele Jahre kein Lächeln mehr übers Gesicht gekommen war.

Da kamen zur Überraschung alle Oberwichtel angeflitzt und tanzten und sangen im großen Kreis um den Weihnachtsmuffel herum, der vor lauter Weihnachtsfreude, die ihm der kleine Wichtel übertragen hatte, gar nicht anders konnte als mitzutanzen.

Er hatte schon fast vergessen, wie viel schöner es war, gemeinsam zu lachen und zu tanzen – das Leben zu genießen – statt alleine immer grimmig und gemein zu sein.

… und das Alles, Dank dem kleinen frechen Weihnachtswichtel!

Leopold das Rentierjunge

Es war einmal ein kleines Rentierjunge namens Leopold. Leopold war kein gewöhnliches Rentierjunge, sondern der Sohn von Rudolph, dem berühmten Rentier mit der roten Nase. Als Sohn von dem berühmten Rudolph wünschte sich der kleine Leopold nichts mehr, als später auch einmal den Schlitten vom Weihnachtsmann anführen zu dürfen, so wie sein Vater.
Doch da gab es ein Problem. Leopold war kleinwüchsig, schon seit seiner Geburt. Die anderen Rentierjungen hänselten ihn deswegen schon immer und waren echt gemein. Sie sagten so böse Sachen wie: „Du wirst niemals den Schlitten vom Weihnachtsmann ziehen können, dafür bist du viel zu klein und zu schwach." Das kränkte Leopold sehr und er war oft traurig.
Die Rentiere vom Weihnachtsmann musste aber nicht nur groß und stark sein, sie mussten sich auch sämtliche Adressen merken und ein gutes Navigationsgefühl haben. Ständig die neuesten Karten auswendig lernen, denn so viele neue Häuser wie die Menschen in einem Jahr bauten, gab es ununterbrochen ein Update.

Kurz vor Weihnachten, war es wieder so weit: der Weihnachtsmann stellte sein Rentierteam – das RTT – zusammen. Jedes Jahr durften zwei Nachwuchsrentiere mit, denn der Schlitten wurde immer größer und schwerer, so viele Geschenke wie sich die Menschen wünschten.
Leopold hatte keinen größeren Wunsch, als mit im Team zu sein! Schon seit Wochen hatte er heimlich alle Adressen auswendig gelernt und sein Navigationsgefühl trainiert. Als der Weihnachtsmann die Rentiere prüfte, fehlten immer wieder einige Adressen, die den älteren Rentieren einfach nicht einfallen wollten. Da meldete sich Leopold vorsichtig und zitierte die Adresse mit zugehöriger Navigation. Der Weihnachtsmann war beeindruckt! Er trat vor das kleine Rentierjunge und fragte es: „Weißt du denn alle Adressen und Navigationen so genau?"
Leopold nickte schüchtern.
„Nun", sagte der Weihnachtsmann lächelnd, „dann haben wir dieses Jahr wohl an der Spitze ein Vater-Sohn-Gespann!"

Δρόμος
Street 8
TOP 24
calle
rua
Gate
5c
240

Leopold konnte sein Glück noch gar nicht fassen, als ihm sein Vater anerkennend auf die Schulter klopfte: „Gut gemacht, mein Sohn! Man muss nicht immer so sein wie alle anderen, wichtig ist, dass man herausfindet, was man selbst am besten kann! Ich bin wirklich stolz auf dich!“

Die anderen Rentierjungen schauten ganz bewundernd auf Leopold, das hätten sie nicht gedacht! Sie entschuldigten sich bei ihm für ihr gemeines Verhalten und beglückwünschten seine tolle Leistung.

Von diesem Tag an war Leopold das wichtigste Navigations-Rentier, denn so schnell wie er sich die Updates der Karten aneignete, hatte es bis heute kein anderes Rentier geschafft.

Die Nikolaussocke

Es war in der Vorweihnachtszeit, draußen hatte der Winter schon Einzug gehalten, alles war von dicken Schneeschichten bedeckt und bitterkalt, als dem kleinen Weihnachtswichtel die Idee kam, einen Socken zu stricken. Das hatte er bei den Menschen gesehen, immer wenn es kalt wurde, fingen sie an zu stricken. Mützen und Stirnbänder, Decken und Socken, und was ihnen sonst noch so in den Sinn kam. Der kleine Weihnachtswichtel wollte herausfinden, ob er das auch konnte, so ganz ohne Wichteltricks oder Sternenstaub vom Christkind. Er strickte immer nach Feierabend, gemütlich vor dem Kamin. Der Socke hatte seine Lieblingswichtelfarbe – rot. Er wurde beachtlich groß und etwas unförmig, aber für den ersten Socken, so ganz ohne Zauberei, war er doch sehr gelungen.
Gerade als dem Weihnachtswichtel die Augen zu fielen, stupste ihn etwas am Arm. „He du!", hörte er eine Stimme sagen. „Was soll denn jetzt aus mir werden?" Der Weihnachtswichtel schaute verdutzt, als die Socke aufgerichtet auf der Armlehne seines Schaukelstuhls stand und ihn mit erwartungsvollem Blick anschaute. „Wieso kannst du sprechen?", wollte der Weihnachtswichtel wissen. „Ich habe dich doch ganz ohne Tricks und Sternenstaub gestrickt!" Die Socke lachte: „Schon mal überlegt, welche Wolle du verwendet hast?!" Oh verdammt, daran hatte der kleine Weihnachtswichtel gar nicht gedacht. Im Wichtelreich gab es ja gar keine gewöhnliche Wolle. „Ja merkste selber oder?!", fuhr die Socke fort. Ganz schön großmäulig diese Socke, dachte der Weihnachtswichtel. „Was wird denn nun aus mir?", hakte die Socke nach, „So ein 0815-Sockenleben, da hab' ich gar keinen Bock drauf!"
„Aha", antwortete der Weihnachtswichtel, dem etwas die Worte fehlten, „und was hast du dir dann so vorgestellt?"
„Na auf jeden Fall was Spannendes!", sagt die Socke, „Ich will was erleben!" Der Weihnachtswichtel sah von der Socke, zu den Resten des Feuers im Kamin und wieder zurück zur Socke, als ihm die Idee kam: „Ich hab's!", platzte es aus ihm heraus.
„Na da bin ich ja mal gespannt!", gab die Socke groß Laut von sich. „Ich bringe dich zum Nikolaus!Dort kannst du mit allen möglichen Sachen gefüllt werden und dann kommst du als Überraschung für die Kinder am Nikolaustag auf die Erde!"

Zum ersten Mal seit die Socke den Weihnachtswichtel aufgeweckt hatte, war sie sprachlos. „Und was passiert, dann mit mir?“, wollte die Socke nach einigen Gedenkminuten wissen. „Wenn du deine Aufgabe als Nikolaussocke gut machst, wirst du jedes Jahr wieder befüllt und verschenkt“, antwortete der Weihnachtswichtel zufrieden. „Wie komm ich denn dann von der Erde ins Wichtelreich zurück? Oder zu mindestens zum Nikolaus?“, fragte die Socke etwas besorgt. „Alle Nikolaussocken werden nach der Adventszeit wieder von uns Wichteln eingesammelt und gut aufbewahrt. Schließlich werdet ihr ja jedes Jahr wieder gebraucht und es gibt unzählige Kinder, die sich auf Euch freuen. Deswegen wird sehr sorgsam darauf geachtet, auch wirklich alle Socken wiederzubekommen“, antwortete der Weihnachtswichtel. „Also gut“, willigte die freche Socke ein, „dann werde ich eine Nikolaussocke!“ Etwas unsicher und aufgeregt war die freche Socke schon, aber das durfte sie sich natürlich nicht anmerken lassen. Am allermeisten freute sie sich auf ihr Abenteuer, und als sie beim Nikolaus ankamen, konnte es die Socke gar nicht fassen, wie viele Nikolaussocken schon mitten in denVorbereitungen steckten. „Das wird bestimmt toll!“, sagte der Weihnachtswichtel zu seiner ersten selbstgestrickten Socke. „Hab viel Spaß mit den Kindern auf der Erde! Es ist eine ganz besondere Zeit!“ Der Weihnachtswichtel drückte die Socke an sich, verabschiedete sich und so begann das große Abenteuer für die freche Socke …

Die kleine Weihnachtsfee, die Sternenstaub nieste …

Es war einmal eine kleine Weihnachtsfee, die schreckliche Prüfungsangst hatte. Sie wollte immer alles ganz besonders gut machen und dann ging es meist erst richtig schief.

Anfang Dezember, vier Wochen vor Weihnachten, fand jedes Jahr die große Weihnachtsfeenprüfung statt. Das Christkind persönlich prüfte all die Feen und wer die Prüfung erfolgreich bestanden hatte, wurde durch den Sternenstaub vom Christkind eine echte Weihnachtsfee. Echte Weihnachtsfeen, also die großen, die die Prüfung bestanden hatten, hatten das Privileg fliegen zu können und das war schließlich der Traum einer jeden kleinen Fee.

Die kleine Weihnachtsfee lernte und lernte, Tag und Nacht, für ihre große Prüfung. Sie konnte es kaum erwarten, eine echte Weihnachtsfee zu sein!

Als der große Tag gekommen war, war die kleine Weihnachtsfee hervorragend vorbereitet, sie wusste einfach alles, was eine gute Weihnachtsfee wissen musste und so bestand sie die Prüfung mit Auszeichnung!

Vor lauter Freude schlug sie einen Salto in der Luft und da geschah es: die kleine Weihnachtsfee viel in den großen Topf mit Sternenstaub. Das Christkind und die anderen Feen sahen nur noch eine große Wolke aufsteigen, von der kleinen Weihnachtsfee erstmal keine Spur. Plötzlich hörte man einen lauter Niesser und die kleine Weihnachtsfee wurde aus dem großen Topf voll Sternenstaub geschleudert. Zum Glück hatte ihr der Sternenstaub die Fähigkeit verliehen zu fliegen und so schwebte sie weit über dem Topf und den anderen in der Luft. Das Christkind konnte sich ein herzhaftes Lachen nicht verkneifen, sowas war in all den Jahren noch nie vorgekommen.

Die kleine Weihnachtsfee nieste abermals und die Ladung Sternenstaub, schleuderte sie wie ein Turboantrieb herum. Einige Meter weiter links fing sie sich wieder und schaute verdutzt. Da rief das Christkind: „So wie es aussieht wirst du dich an deine zusätzliche Gabe gewöhnen müssen! So viel Sternenstaub wie du abbekommen hast, wird dich das Niesen und der Turboantrieb noch eine ganze Weile begleiten!“ Es lachte ein weiteres Mal laut und herzlich.

NACHTSFEEN
EIN MAL EINS
WICHTIG

Die anderen Weihnachtsfeen stimmten mit in das herzliche Lachen des Christkinds ein, bis auch die kleine Weihnachtsfee endlich über ihr Missgeschick lachen konnte. Von diesem Tag an wurde die kleine Weihnachtsfee immer dann gerufen, wenn etwas besonders schnell erledigt werden musste, denn mit der Zeit optimierte die Fee ihre Flugkünste und nutzte jeden Niesser als gezielten Turboantrieb in die gewünschte Richtung ☺

Das Christkind ist frustriert!

Das Christkind streikt,
die Weihnachtswichtel sind ratlos,
…Weihnachten steht voll auf dem Kopf!

Das Christkind lief ganz aufgebracht auf und ab. Blickte auf den Berg voller Geschenke der vor ihm lag und schimpfte fassungslos vor sich hin: „Immer noch größere, noch tollere und noch teurere Geschenke … immer NOCH und NOCH und NOCH MEHR wollen diese Menschen! Haben die denn ganz vergessen, was an Weihnachten eigentlich gefeiert wird? Weihnachten ist das **Fest der Liebe** und nicht das Fest des größten Geschenks!"
Die Weihnachtswichtel waren ratlos. Noch nie hatten sie ihr Christkind so außer sich gesehen. Die Wunschzettel der Kinder waren in den letzten Jahren tatsächlich immer länger geworden und auch die Wünsche der Erwachsenen waren immer ausgefallener und größenwahnsinniger geworden, aber das Christkind hatte das nie kommentiert. Es freute sich den Menschen ihre Wünsche zu erfüllen und vor allem freute es sich wenn die Menschen glücklich waren, insbesondere die Kinder. So aufgebracht hatte die Weihnachtswichtel ihr Christkind in all den Jahren nicht erlebt. Der größte Wichtel fasste sich ein Herz, ging vorsichtig auf das Christkind zu und sagte: „Aber liebes Christkind, hast du denn das Schönste an Weihnachten vergessen?"
Das Christkind schaute verwirrt – was meinte der Wichtel bloß?
Der Wichtel fuhr fort: „Das Schönste an Weihnachten sind doch die funkelnden strahlenden Kinderaugen – die leuchten vor lauter Vorfreude!"
Da bestärkte ihn ein weiterer Wichtel und meinte: „Ja genau! Und die selbstgebackenen Kekse von den Großmüttern – die sind sooooo lecker!"
Da meldete sich auch ein dritter Weihnachtswichtel zu Wort und sagte: „Und die ganzen Familien, die an Weihnachten wieder zusammenkommen – manchmal sogar von üüüüberall auf der Welt."
Die Wichtel fingen an zu tanzen und sangen das Lieblingslied vom Christkind, um es ein bisschen aufzumuntern und wieder in die gewohnte Weihnachtsstimmung zu bringen.

„Ihr habt ja recht", sagte das Christkind allmählich, „ich hatte vor lauter Frust ganz vergessen, wie glücklich wir die Menschen machen, wie viel Freude wir unter sie bringen und wie besonders dieses Fest ist!"

Die Weihnachtswichtel waren erleichtert, ihr Christkind endlich wieder so zuversichtlich zu sehen und machten sich an die letzten Vorbereitungen.

Der Weihnachtsmann im Krankenstand

Es war knapp eine Woche vor Weihnachten und die Vorbereitungen liefen auf Hochtouren. Alle Weihnachtswichtel arbeiteten fleißig daran, die Geschenke und Überraschungen für Groß und Klein fertigzustellen, so dass sie pünktlich mit dem Weihnachtsmann ausgeliefert werden konnten.
Nur der Weihnachtsmann selbst dachte noch gar nicht an Heilig Abend – ihn hatte eine böse Weihnachtsgrippe erwischt und ihm war ganz übel!
Weihnachtsmann: „Uiuiuiuiui ist mir schwindlig ....wie soll ich denn bloß in diesem Zustand die Kutsche durch den Himmel lenken – den Weg finde ich so ja nie."
Der Erste-Hilfe-Engel war ganz verzweifelt! Wie sollte er das nur so schnell wieder hinbekommen??
Erste-Hilfe-Engerl: „Oje oje oje ...sowas ist uns ja noch nie passiert! Der Weihnachtsmann kurz vor Heilig Abend so krank. Da werd ich wohl irgendetwas in unserer Engelapotheke zusammen zaubern müssen, um den wieder fit zu bekommen!"

Die Rentiere hingegen genossen das höchste Leben! Sie waren übers Jahr ganz schön korpulent geworden und erfreuten sich an ihren frischen grünen Tannenzweigen – bis die zwei Oberwichtel zur Tür reinspazierten:
Oberwichtel: „Schluss mit lustig!", sagte der Oberwichtel. „Der Weihnachtsmann hat eine üble Grippe abgestaubt – so schlecht war er wahrlich noch nie beieinander! Ihr werdet dieses Jahr einen Auslieferungsrekord aufstellen müssen."
Rentiere: „Auslieferungsrekord????"
Oberwichtel: „Das Erste-Hilfe-Engerl tut wirklich sein Bestes, aber der Weihnachtsmann ist frühestens in vier Tagen wieder fahrtauglich!"
Rentiere: „In vier Tagen??? Das ist ja zwei Tage vor Heilig Abend!!!!"
Die Rentiere machten großen Augen – sahen sich gegenseitig an und ihre runden dicken Bäuche ... wie sollten sie das den schaffen??
Oberwichtel: „Ab heute gibt es nur noch Schonkost, Fitness-Smoothies und ein strenges Workout-Programm!"
Rentiere: „WORKOUT-PROGRAMM??"

...und 1
und 2 - strecken
...uuund, halten!!
17
DEZEMBER

Davon hatten sie in ihrer ganzen Rentierlaufzeit ja noch nie etwas gehört!!
Oberwichtel: „Wir fangen gleich damit an!"
Die Rentiere joggten im Kreis um die Oberwichtel (Koordinationsübungen)
Oberwichtel: „Und eins und zwei und … schneller Männer!!"

Das ging nun jeden Tag 3x so – die Rentiere waren fix und alle! ABER die dicken Bäuche fingen langsam an zu schrumpfen und durch die guten Fitness-Smoothies bildeten sich langsam aber sicher richtige Muskeln!!

Zwei Tage vor Heilig Abend ging es dem Weihnachtsmann tatsächlich schon viel besser, das Erste-Hilfe-Engerl hatte glänzende Arbeit geleistet!
Die trainierten Rentiere flitzten mit samt der vollbepackten Kutsche und dem Weihnachtsmann wie ein Wirbelwind los durch die Lüfte. Das Erste-Hilfe-Engerl und die Oberwichtel winkten zufrieden von der Ferne ☺

Die kleine Schneeflocke

Es war einmal eine kleine Schneeflocke, die mit viiiiiielen, viiiiielen weiteren Schneeflocken in einem von Frau Holles großen Pölstern darauf wartete, auf die Erde rieseln zu dürfen.
Einige Schneeflocken konnten ihren Einsatz kaum noch erwarten. Anders aber die kleine Schneeflocke. Sie war traurig.
Leise murmelte sie vor sich hin: „Was macht es denn für einen Unterschied, ob ich mit auf die Erde riesle oder nicht. Es gibt sooooo viiiiele von uns Schneeflocken! Und alle sind wir nahezu gleich!"
Sie war ganz bedrückt. Als sie noch kleiner war, träumte sie oft von ihrem großen Tag. Sie dachte, es wäre etwas unglaublich Fantastisches auf die Erde zu schneien. Und nun … mit den tausenden und abertausenden anderen Schneeflocken – was hatte sie denn da schon für eine Bedeutung?
Vertieft in ihre Sinnkrise merkte die kleine Schneeflocke gar nicht, dass ihr eine weitere etwas ältere Schneeflocke aufmerksam zugehört hatte. Sie stupste sie vorsichtig von der Seite an und flüsterte leise: „Eines hast du aber vergessen, liebe Schneeflocke!"
Die kleine Schneeflocke war ganz überrascht. Mit großen Augen schaute sie zu der anderen Schneeflocke rüber und fragte: „Und was?"
„Wir sind zwar alle Schneeflocken, und ja, es gibt tausende und abertausende von uns – ABER niemand sagt dir, wohin du rieselst, niemand bestimmt, wohin du fällst und wo du landen wirst!"
„Und was heißt das jetzt?", fragte die kleine Schneeflocke.
„Naja", antwortete die etwas größere Schneeflocke, „du ganz alleine kannst dir aussuchen, ob du in einer wuscheligen Ponymähne landest oder auf einem kleinen frechen Hund. Auf einem großen Hügel, wo viele Kinder rodeln oder auf der Karottennase eines Schneemannes. Auf dem Tannenzweig eines Christbaumes oder aber ob Du die aller erste Schneeflocke sein möchtest, die einem Kind das größte Lächeln ins Gesicht zaubert! Es gibt unendlich viele Möglichkeiten!"
Die kleine Schneeflocke staunte. Damit hatte sie nicht gerechnet.

Da fing es auch schon an zu ruckeln und die ersten Schneeflocken wurden aus dem großen Polster geschüttelt. „Guten Flug!“, rief die etwas größere Schneeflocke und lächelte freundlich.
Während die kleine Schneeflocke also mit den viiiiielen viiielen anderen Schneeflocken aus dem Polster geschüttelt wurde und auf die Erde zu steuerte, wusste sie eins nun sicher: Sie würde in der Handfläche eines kleinen Kindes landen und in ein überglückliches Gesicht blicken ☺

Der Wirbelsturm im Postengelkonsulat

Das Postengelkonsulat war der größte Umschlagplatz für all die Geschenke, die an Weihnachten ausgeliefert werden. Unzählige Postengel arbeiteten tagtäglich um die aktuellen Postanschriften zu überprüfen, den ausgewählten Geschenken zuzuordnen und dann nach den jeweiligen Ländern mit den dazugehörigen Zeitzonen zu sortieren. Die Vorbereitungen liefen auf Hochtouren und pünktlich wie die Postengel waren, lagen sie super im Zeitplan.
Da geschah das große Unglück: Ein riesen Wirbelsturm tobte durch das Konsulat und verwüstete alles. Geschenke, Adressen, Pakete, alles flog durch die Luft und endete Minuten später in einem riesen Chaos. Die Postengel waren ganz außer sich, ihre Ordnung, ihr Zeitplan, alles durcheinander …
Der Oberpostengel ergriff das Wort und bat um Ruhe. „Ein Glück, dass alle Postengel unversehrt geblieben sind! Für heute beenden wir die Arbeit! Geht nach Hause auf eure Wolken und ruht euch aus, ich werde mir bis morgen etwas einfallen lassen!"
Die Postengel konnten es gar nicht fassen, so kurz vor Weihnachten alles stehen und liegen lassen und das gerade jetzt wo alles im Chaos lag?!
Trotzdem folgten sie den Anweisungen und flogen auf ihre Wolken, um zu rasten. Was der Oberpostengel wohl für eine Idee hatte …?!

Am nächsten Morgen trafen alle Postengel pünktlich zu Arbeitsbeginn im Konsulat ein und warteten gespannt auf den Oberpostengel. Der kam mit einem Lächeln auf dem Gesicht aus seinem Büro geflogen und verkündete laut: „Meine lieben Postengel, um das Chaos von gestern zu beseitigen und dem Zeitplan wieder gerecht zu werden, habe ich gestern meine alte Freundin die Zahnfee angerufen. Sie hat alle Feen aktiviert, die sie zur Verfügung hat, um uns die kommenden Tage zu helfen. Zahnfeen wissen wie wir sämtliche Adressen, Länder und Zeitzonen, sie sind mit der Materie vertraut und werden uns gute Unterstützung leisten. So werden alle Geschenke pünktlich ausgeliefert werden können!"
Die Postengel jubelten und klatschten – Weihnachten war gerettet ☺

VORSICHT

Als dem Christkind die Liebe ausging …

Es war einige Wochen vor Heilig Abend, als der Oberweihnachtswichtel die Geschenkmaschine warten wollte, damit sie pünktlich zu den Vorbereitungen wieder in Betrieb genommen werden konnte.
Die Geschenkmaschine wurde mit Wunschzetteln gefüttert und produzierte fleißig all die Geschenke, die sich die Menschen am meisten wünschten. Angetrieben wurde die Maschine von Liebe! Der Tank füllte sich normalerweise stetig über das ganze Jahr. Immer wenn die Menschen etwas von Herzen taten; eine kleine Freude, eine liebe Geste, hilfsbereit und liebevoll miteinander umgingen; füllte sich der Tank ein Stückchen mehr.
Der Oberwichtel war ganz entsetzt, als er sah, dass der Tank auf Reserve stand … Das war ja noch nie passiert!!! So schnell er konnte rannte er zum Christkind, um ihm davon zu erzählen!
Das Christkind schüttelte verständnislos den Kopf: „Das wundert mich leider gar nicht“, antwortete es, „die Menschen hetzen voller Unmut und Stress durch ihr Leben, da bleibt gar keine Zeit mehr, um liebevoll und freundlich zu sein!“
„Aber was machen wir denn jetzt?!“, fragte der Oberweihnachtswichtel. „Der Tank reicht ja noch nicht einmal, um die Geschenke der Kinder zu produzieren!“
Das Christkind überlegte für einen Moment …
„Wenn sich alle Menschen nur auf eine einzige kleine liebevolle Aufmerksamkeit besinnen würden, wäre der Tank innerhalb eines Tages randvoll!“
„… und wie soll das gehen?“, fragte der Weihnachtswichtel.
Das Christkind schmunzelte und antwortete ihm: „Lass uns ein bisschen nachhelfen – wir fangen mit den Kindern an!“ Es holte eine Hand voll Sternenstaub aus seiner Manteltasche und ließ ihn über all die Kinder auf der ganzen Welt rieseln.
Die Kinder lachten, sangen und tanzten, verbreiteten gute Laune und Fröhlichkeit überall wo sie hinkamen. Sie flitzten zu ihren Eltern, Oma und Opa, zu allen die aus der Familie in der Nähe waren, umarmten sie herzlich und sagten:“ Weißt du eigentlich, wie lieb ich dich hab?“
Die Erwachsenen konnten gar nicht anders als freudestrahlend zu erwidern: „Mindestens genauso lieb wie ich dich!“

An das Christkind
LETZTES
A
C
LETZTES JAHR
B

„Siehst du“, sagte das Christkind, „auf die Kinder ist immer Verlass! Sie stecken mit ihrer unbeschwerten Art auch alle weiteren Menschen an und ratzfatz ist der Tank der Geschenkmaschine wieder voll!“
„Eigentlich so einfach“, überlegte der Weihnachtswichtel für sich, „aber ohne den Sternenstaub wäre das nicht passiert.“
„Abwarten“, erwiderte das Christkind, „die Kinder erinnern sich an dieses Gefühl auch ohne Sternenstaub!“
Das Christkind hatte Recht! Von diesem Tag an sagten die Kinder ihrer Familie immer wieder, wie lieb sie sie hatten und auch die Erwachsenen erinnerten sich an so eine einfache Geste, die so viel bedeutete. Der Tank der Geschenkmaschine war nie wieder leer ☺

Frau Holle und die Wetterhexe

Es war an einem wunderschönen Wintermorgen, als die Wetterhexe bei Frau Holle zu einem gemütlichen Nachmittagskaffee eingeladen war. Sie saßen in dem bezaubernden Wintergarten von Frau Holle und genossen den frisch gebackenen Apfelkuchen der Wetterhexe.
Aber irgendetwas schien Frau Holle zu bedrücken.
„Was machst du denn ein Gesicht wie drei Wochen Regenwetter und das an so einem herrlichen Tag?", fragte die Wetterhexe.
„Ach weißt du", antwortete Frau Holle, „wie man's auch macht, es ist verkehrt!"
„Wovon sprichst denn du?", wollte die Wetterhexe wissen.
„Na mit dem Schnee!", antwortete Frau Holle. „Den einen ist es zu viel Schnee, den anderen zu wenig, dem Nächsten zu kalt, dem Übernächsten zu glatt … Was soll man denn da bitte noch machen?"
Die Wetterhexe schmunzelte: „Das fragst du ausgerechnet mich?!" Sie fing an zu lachen. „Du weißt aber schon, dass es mit dem Wetter genau dasselbe ist? Ich habe aufgehört zu versuchen es ständig allen recht zu machen, da kommst du auf nichts, außer selbst unglücklich zu sein!"
Frau Holle nickte. Sie war ob der aktuellen Lage sichtlich bedrückt.
„Schau", fuhr die Wetterhexe fort, „es ist doch so: Sonnenschein und Hitze ohne Regen und Niederschlag wären auf Dauer nichts. Wärme ohne Frost oder Sommer ohne Winter. Muttererde hat die Natur so geschaffen, dass alles zu etwas gut ist. Die Menschen würden ständig anhaltendes gutes Wetter gar nicht mehr gut finden, wenn plötzlich vor lauter Dürre nichts mehr wächst und das Wasser knapp werden würde! Und weißt du was mein Lieblingsleitsatz ist?!"
Frau Holle schüttelte den Kopf.
„Gewitter reinigen die Luft!" Da donnerte es zweimal kräftig und mit einem Fingerzeig löste die Wetterhexe einen beeindruckenden Blitz aus.
Sie kicherte: „Und das mitten im Winter!"
Kurz darauf klärten sich die Wolken und die Sonne kam hervor.
„So", sagte sie „nun lass mal sehen, was in deinen Pölstern noch steckt!" Sie zwinkerte Frau Holle zu.

„Also gut“, schmunzelte auch diese nun und schüttelte kräftig eines ihrer großen Schneekissen.
Die Wetterhexe nickte zufrieden: „Ich zeig dir noch etwas! Siehst du die Kinder da unten?“ Sie deutete auf einen großen Rodelberg, auf dem sich viele begeisterte Kinder versammelt hatten. Sichtlich freuten sie sich über den neuen Schnee, ohne den das Rodeln gar nicht möglich wäre.
Frau Holle lächelte, „Ja, sehe ich!“, antwortete sie der Wetterhexe.
„Du musst mal darauf achten, wem du deine Aufmerksamkeit schenkst! Es wird immer Menschen geben, die mit dem aktuellen Wetter nicht zufrieden sind. Es gibt aber auch immer Menschen, die du gerade überglücklich gemacht hast! Ich halte mich da meistens an die Kinder!“ Sie lachte herzlich.
„Da hast du wohl recht!“, gab Frau Holle zu. „Alles eine Frage des Fokus!“
Sie lachten beide herzlich und genossen ihren entspannten Kaffeetratsch, während sie den glücklichen Kindern beim Rodeln zusahen.

Der kleine Tannenzapfen in der großen Weihnachtswelt

Es war einmal ein kleiner Tannenzapfen, der lebte mit vielen weiteren Tannenzapfen an einem großen wunderschönen Tannenbaum tief im Wald. Tag ein, Tag aus, passierten die immer gleichen Dinge. Dieselben Vögel kamen vorbei, dasselbe Eichhörnchen war auf Futtersuche, ja sogar dieselben Blumen und Pilze blühten jedes Jahr zur selben Zeit wieder. Der kleine Tannenzapfen wünschte sich nichts sehnlicher, als einmal etwas ganz Großes zu erleben, etwas Besonderes! Oder sollte das so sein ganzes Leben weitergehen?

Da kam eines Tages eine kleine Familie des Weges. Der kleine Tannenzapfen war ganz verwundert – normalerweise bekamen sie so tief im Wald äußerst selten Besuch und schon gar nicht von Kindern oder Familien. Er ergriff seine Chance und ließ sich mitten auf den Kopf des kleinen Mädchens fallen. Das wiederum war ganz verdutzt und schaute sich um, was es getroffen hatte, bis es den kleinen Tannenzapfen entdeckte. Vor Freude entzückt hob es den kleinen Tannenzapfen auf, begutachtete ihn von allen Seiten und beschloss ihn mitzunehmen. „Dich brauch ich für unseren Adventskranz, so wird er etwas ganz besonderes!", sagte das kleine Mädchen zum Tannenzapfen. „Adventskranz?", dachte sich der kleine Tannenzapfen. „Was das wohl ist? Aber etwas ganz Besonderes soll es werden, hat das Mädchen gesagt. Genau das, was ich immer wollte!" Der kleine Tannenzapfen war ganz gespannt auf seine Reise und was es mit diesem Adventskranz auf sich hatte. Nach einer langen Fahrt präsentierte das kleine Mädchen ihr Fundstück stolz ihrer Mutter, die ebenfalls ganz erfreut war. „Jetzt verzaubern wir dich noch mit einer neuen Farbe!", sagte das Mädchen strahlend zu dem kleinen Tannenzapfen. „Wenn du erstmal golden glänzt, wirst du dich kaum wiedererkennen! Und dann zierst du den Adventskranz, damit er etwas ganz Besonderes wird!"

Der kleine Tannenzapfen wusste gar nicht, wie ihm geschieht, mit golden funkelnder Farbe besprüht glänzte er heller als die Sonne. Anschließend wurde er vorsichtig auf dem besagten Adventskranz befestigt. Ein beeindruckender Kranz aus den verschiedensten Zweigen und Ästen mit vier wunderschönen Kerzen, farblich passenden Schleifen und einigen Dekorartikeln – das also war der Adventskranz, von dem das kleine Mädchen die ganze Zeit sprach.

Der Kranz lag auf einer großen runden Schale, die mitten auf dem Esstisch der Familie stand. Von dort aus konnte man alles genau beobachten. Der kleine Tannenzapfen war vollkommen sprachlos und überwältigt von den ganzen neuen Eindrücken. Die alte silberne Nuss, die neben dem kleinen Tannenzapfen auf dem Adventskranz befestigt war, erklärte ihm schließlich, was es mit dem Adventskranz, der Vorweihnachtszeit und dem Heiligen Abend auf sich hatte, wer das Christkind war und alles, was sonst noch so wichtig zu wissen war.
Drei Mal am Tag kam die ganze Familie zusammen, um an dem großen Tisch gemeinsam zu essen. Einige Vorbereitungen für Weihnachten wurden getroffen: Plätzchen gebacken, Glühwein und Kinderpunsch gekocht, Briefe für das Christkind geschrieben und eines Abends wurde dann endlich der Christbaum geschmückt.
Der kleine Tannenzapfen konnte von seinem Platz aus alles genau beobachten und war überglücklich, dass das kleine Mädchen ihn damals im Wald mitgenommen hatte. So hatte er eine ganz besondere Bedeutung bekommen und alle Jahre wieder, kurz vor Beginn der Adventszeit, durfte der kleine golden-funkelnde Tannenzapfen den Adventskranz zieren und die ganze Vorweihnachtszeit mit all ihren besonderen Ereignissen erleben und genießen.

Ein besonderes Geschenk

Es war kurz vor Weihnachten. Alle Vorbereitungen liefen auf Hochtouren, die Weihnachtswichtel arbeiteten Schichtdienst, die Rentiere mussten einen strengen Fitnessplan einhalten, um am Weihnachtsabend in körperlich bester Verfassung zu sein und der Geschenkevorrat wurde immer größer und größer.
Es waren unzählige Geschenke; große und kleine, dicke und dünne, bunte und ganz schlichte Geschenke. So unterschiedlich wie die Menschen waren, für die sie bestimmt waren, so unterschiedlich waren auch die Geschenke. Mitten unter der Riesenansammlung gab es ein ganz besonderes Geschenk. Es war nicht sonderlich groß und auch nicht außerordentlich auffällig, für viele war es sogar unsichtbar und andere wiederum begegnetem dem Geschenk nahezu alltäglich. Eigentlich dachte das Geschenk, dass es an Weihnachten seinen großen Auftritt haben würde, alle Menschen würden sich unendlich darüber freuen, aber langsam machten sich Zweifel in ihm breit.... Was, wenn die Menschen es gar nicht beachten würden? Oder noch schlimmer, was wenn sie es nicht mal sehen könnten? Oft waren die Menschen, vor allem in der Vorweihnachtszeit, so gestresst und genervt, nur von einem Termin zum Nächsten hetzend, so gar nicht mehr bewusst im Leben ...
Es schüttelte sich einmal kräftig durch und verwarf seine Zweifel wieder, schließlich war es – DAS GLÜCKSGEFÜHL! Anstelle seiner Zweifel überlegte es sich gleich mal einen ausgeklügelten Plan, wie es dieses Jahr nachhaltiger sein konnte. Schließlich wünschte es sich insgeheim, dass die Menschen nicht nur an Weihnachten von Glücksgefühlen erfüllt wurden, sondern viel mehr das ganze Jahr über. Denn wenn man achtsam war, fand man es überall und ständig: In jeder kleinen Freude jeden Tag. Im Lieblingskaffee am Morgen, im Kinderlachen der Kleinen, in jedem Haken, den man hinter einem Punkt auf der To-Do-Liste setzen kann, in den ersten Sonnenstrahlen im Gesicht... Die Liste wäre wohl endlos weiterzuführen, wie also würde es das Glücksgefühl schaffen, den Menschen in Erinnerung zu bleiben? Es grübelte und grübelte, lief auf und ab, sah sich um und als es den alten Oberweihnachtswichtel mit seiner Checkliste entdeckte, schoss ihm die Idee wie ein Blitz durch den Kopf: Menschen lieben Listen, Terminkalender und Tagesplaner.

To do!
Wäsche
GLÜCK
NOTE Look
EILT!

Was, wenn es in jedem dieser besagten Organisationshilfen eine Spalte für Glücksgefühle geben würde? Was, wenn jede Familie eine große Tafel in der Küche hängen haben würde, wo alle ihre Glücksgefühle jeden Tag aufschreiben und sie sich gegenseitig beim gemeinsamen Abendessen erzählen würden. Das war DIE IDEE!
Das Glücksgefühl musste einfach dafür sorgen, dass es für alle sichtbar war. Dass die Menschen sich jeden Tag selbst daran erinnerten, weil sie es im Terminkalender, neben den ganzen Aufgaben und Erledigungen sahen – die Spalte mit der großen Überschrift: Glücksgefühle. Oder weil sie jeden Tag an der großen schmalen Tafel in der Küche – der Mittelpunkt jeder Familie – vorbeiliefen, auf der sämtliche erlebten Glücksgefühle drauf standen. …und, dachte das Glücksgefühl für sich, auf die Kinder ist Verlass! Die werden ihre Eltern jeden Tag erinnern, wenn sie sich gegenseitig beim Familienessen von ihren Glücksgefühlen erzählen.
Unendlich dankbar für seine Idee und voller Vorfreude auf das diesjährige Weihnachtsfest, dachte das Glücksgefühl für sich: Dieses Jahr werde ich für alle sichtbar.

Die kleine Sternschnuppe

Eines Winterabends, es war mitten in der Adventszeit, gab es große Aufregung im Sternschnuppenabteil des Himmels. Jedes Jahr im Dezember gab es eine Sternschnuppennacht und an jenem Abend war es wieder so weit. Die Sternschnuppen flitzten von einer Ecke in die nächste, wärmten sich auf und bereiteten sich für ihren großen Auftritt vor. Die Nacht war bitterkalt und sternenklar – beste Bedingungen also, dass sie hervorragend zu sehen waren.
In einer Ecke des Abteils versteckte sich eine kleine Sternschnuppe. Sie war wunderschön und funkelte so einzigartig hell, dass sie kaum zu übersehen war. Sie versuchte ihre Gedanken zu sortieren, bei dem ganzen Wirrwarr um sie herum. Alle großen Sternschnuppen schienen sich unfassbar auf die bevorstehende Nacht zu freuen, doch der kleinen Sternschnuppe war gar nicht wohl zu Mute.
Da bemerkte eine etwas ältere Sternschnuppe die funkelnden Strahlen und hielt direkt vor ihr an. „Nanu? Was ist denn mit dir los?“, fragte sie verwundert. Die kleine Sternschnuppe wurde plötzlich ganz rot im Gesicht, sie wollte doch unbeachtet bleiben. „Ich kann gar nicht verstehen, warum sich alle hier so freuen?!“, antwortete sie schließlich. „Hat denn keiner von euch Angst, vom Himmel zu fallen? Wo landen die denn alle und was geschieht mit ihnen, wenn sie durch die Luft geflitzt sind?“ Das waren ganz schön viele Fragen, aber die ganzen Sorgen und Gedanken sprudelten nur so aus der kleinen Sternschnuppe heraus. „Also“, fing die ältere Sternschnuppe an, „keiner von uns fällt vom Himmel, kleine Sternschnuppe!“
„Nein???!“, unterbrach die kleine Sternschnuppe. „Nein natürlich nicht!“, fuhr die ältere Sternschnuppe fort. „Siehst du, wie sich all die anderen Sternschnuppen aufwärmen? Das machen sie, weil die meisten von uns unglaublich schnell loslaufen müssen, damit sie genug Schwung haben, um weit genug zu fliegen.“
„Zu fliegen?“, unterbrach die kleine Sternschnuppe abermals. „Ja zu fliegen!“, erzählte die ältere Sternschnuppe weiter. „Denn wenn wir weit genug fliegen, können die Menschen auf der Erde für einen kurzen Moment unseren Lichtstreifen sehen. Es ist etwas ganz Besonderes, im Ruhezustand so hell zu funkeln wie du!“ Die kleine Sternschnuppe konnte das alles noch gar nicht so richtig fassen.

„Wieso ist es denn so wichtig, dass die Menschen unseren Lichtstreifen sehen?“, fragte sie. „Die Menschen haben einen wunderschönen Brauch“, antwortete die ältere Sternschnuppe, „wenn sie unseren Lichtstreifen sehen, also wie die Menschen denken, eine Sternschnuppe, dann haben sie einen Wunsch frei.“
„Das heißt, jeder von uns ist auf der Menschenwelt ein Wunsch?“, fragte die kleine Sternschnuppe. „Ganz richtig“, antwortete die Ältere, „deswegen freuen sich hier alle Sternschnuppen so wahnsinnig auf ihren großen Auftritt. Wir bringen allein in dieser Nacht unendlich viel Glück und Hoffnung zu den Menschen und wenn wir unseren Flug beendet haben, können wir wieder gemütlich nach Hause joggen, uns ausruhen, stärken und auf die nächste große Sternschnuppennacht der Menschen warten.“
„Wooooooow!“, die kleine Sternschnuppe war sprachlos, ihre Angst hatte sich in unglaubliche Vorfreude verwandelt und allmählich wurde sie immer hibbeliger und konnte es kaum erwarten, bis es losging. Die ältere Sternschnuppe schmunzelte. „So gefällst du mir schon viel besser! Und vergiss nicht, kleine Sternschnuppe, dein helles Funkeln ist etwas ganz Besonderes!“ Die kleine Sternschnuppe wurde abermals rot, aber diesmal aus Freude. Sie nickte und bedankte sich. „Sehen wir uns dann in ein paar Tagen wieder?“, fragte sie noch etwas nachdenklich. „Na klar!“, antwortete die ältere Sternschnuppe. „Ich möchte unbedingt wissen, wie dir dein erster Flug gefallen hat. Aber lass dir Zeit auf dem Heimweg, die anderen Sterne im Universum haben immer lustige Geschichten auf Lager, die darfst du dir nicht entgehen lassen!“ Die kleine Sternschnuppe konnte es kaum noch erwarten! So viele gute Neuigkeiten und so eine spannende Zukunft lagen direkt vor ihr. Da erklang auch schon die wunderschöne Startmelodie und die ersten Sternschnuppen flitzten freudig los …

Der kleine Engel

Es war einmal im Himmelreich ein ganz seltsam außergewöhnlicher Tag. Ein kleiner Engel wurde geboren – das war zwar ein freudiger Anlass und durchaus nichts ungewöhnliches, doch irgendetwas war anders …
Wenn ein kleiner Engel geboren wird, strahlt er meist die ersten Minuten so hell, dass man ihn noch gar nicht wirklich sehen kann. Auch dieses Mal ist das Licht in silber-goldenem Schein so unfassbar hell und schön, dass es einige Zeit dauert bis man den neuen Himmelsbürger in seiner ganzen Pracht zusehen bekommt, doch als es soweit war, traut niemand seinen Augen! Der kleine Engel hatte pechschwarze Flügel. Die Engel waren sprachlos. Noch nie zuvor in all den Lichtjahren war so etwas je vorgekommen. Nachdem der kleine Himmelsbürger alle weiteren Attribute eines kleinen Engels besaß, machten sich die ältesten Oberengel keine weiteren Gedanken. Er hatte einen strahlenden Heiligenschein, wie andere Engelskinder auch. Seine Augen hatten ein unfassbar schönes Leuchten, ähnlich wie das, der anderen Engelskinder, nur seine Flügel waren aus einem unerfindlichen Grund pechschwarz.
Der kleine Engel wuchs heran und obwohl er von seiner Familie unendlich geliebt wurde und auch seine Freunde ihn richtig gern leiden mochten, war er trotzdem oft traurig. Was würde er dafür geben einfach nur so auszusehen wie alle anderen Engelskinder. Wieso hatte genau er diese pechschwarzen Flügel … Der kleine Engel haderte oft mit sich und seinem Leben, niemand konnte ihm Antwort geben. Die ältesten und weisesten Engel wussten auch nicht, wie so etwas sein konnte und vor allem, was es zu bedeuten hatte. Kein Buch aus der Engelsbibliothek konnte ihm helfen zu verstehen, warum genau er so anders war.
Die Jahre vergingen und der kleine Engel hatte sich mit seinen andersfarbigen Flügeln arrangiert. Er stand kurz vor der Engelsreife – die große Abschlussprüfung, die ein jeder Engel anstrebte. Alle waren sehr aufgeregt und auch der kleine Engel machte sich seine Gedanken. Er war so oder so schon eine Berühmtheit im Himmelreich, aber zu der Abschlussprüfung würden auch die letzten Engel sehen, dass seine Flügel pechschwarz waren. Auf jedem Foto würde er mit seinen Flügeln hervorstechen, überall wäre er so verewigt …

Der kleine Engel ging schlafen, um am nächsten Tag fit für die besondere Veranstaltung zu sein. Als er am nächsten Morgen erwachte und noch recht schlaftrunken am Spiegel vorbei tapste, konnte er seinen Augen nicht trauen: seine Flügel waren über Nacht silber-golden geworden und strahlten heller, als es die Sonne an manchen Tagen fertigbrachte. Jede einzelne Feder schimmerte einzigartig schön. Er konnte es nicht fassen – wie war das möglich? Im Spiegel erschien ihm ein wunderschöner klitzekleiner Engel: „Du hast eine besondere Aufgabe in deinem Leben, lieber Engel", sagte die Stimme in sanftem Ton, „der Grund, warum du mit pechschwarzen Flügeln geboren wurdest und die letzten Jahre immer wieder auf die Probe gestellt wurdest, ist, dass du auserwählt worden bist!"
„Auserwählt?", unterbrach ihn der kleine Engel. „Ja!", antwortete die Stimme in genauso sanftem Ton wie zuvor. „Du wurdest auserwählt, ein Friedensengel zu sein! Nur sehr willensstarke Engelseelen mit viel Durchhaltevermögen und Standfestigkeit werden für so eine Aufgabe ausgesucht! Hast du dich nie gefragt, warum in all den Jahren kein anderer Engel missgünstig oder gemein zu dir war? Nie wurde ein böses Wort über deine Flügel verloren oder gar gespottet – du trägst den Frieden in dir!" Der kleine Engel konnte es noch gar nicht glauben! All die Jahre hatte er nach einer Antwort gesucht - gezweifelt, gehadert und sich etliche Male nichts mehr gewünscht, als auch ein „gewöhnlicher Engel" mit weißen Flügeln zu sein – und nun war er auserwählt, ein Friedensengel zu sein. „Warum findet man über Friedensengel kein einziges Buch?", fragte er die kleine Gestalt in seinem Spiegel. „Warum weiß kein einziger der ältesten Oberengel etwas über sie?" Der klitzekleine Engel im Spiegel schmunzelte: „Weil jedes Himmelreich nur einen einzigen Friedensengel hat! Ihr seid so mächtig, dass ein einziger Flügelschlag von euch ausreicht, um Frieden zu verbreiten." Der kleine Engel starrte mit offenem Mund in den Spiegel und wiederholt etwas geistesabwesend: „…ein einziger Flügelschlag."
„Also sei achtsam", fuhr die kleine Engelsgestalt im Spiegel fort, „es werden Zeiten kommen, in denen die Welt dich dringend braucht und es wird Zeiten geben, die etwas ruhiger vorübergehen. Als Friedensengel trägst du große Verantwortung und bist von unheimlich großer Bedeutung. Folge deinem Herzen und du wirst immer die richtigen Entscheidungen treffen, dazu brauchst du kein Buch und auch keinen der ältesten Oberengel!"

„Und was, wenn ich doch einmal wirklich dringend einen Rat brauche?“, fragte der kleine Engel etwas unsicher.
„Dann wende dich an dein Spiegelbild und ich werde dir erscheinen, wann immer du Hilfe benötigst!“ Der klitzekleine Engel lächelte freundlich und verschwand im hellen Licht.
„Ein Friedensengel!“, dachte der kleine Engel für sich. „Mit silber-goldenen Flügeln.“ Das hätte er sich niemals träumen lassen. „Dann mal los zur großen Abschlussprüfung!“, sagte der kleine Engel zu sich und konnte es gar nicht erwarten, dem ganzen Himmelreich seine wunderschönen Flügel zu zeigen.

Der große Streit zu Weihnachten

Es war Anfang der Adventszeit, die Tage schienen wie im Flug zu vergehen, der Großteil der Menschen hetzte von einem Termin zum nächsten, ziemlich gestresst und genervt und ohne viel Sinn für die so genannte „stade Zeit". Jedes Jahr in der Weihnachtszeit gab es ziemlich viel Konfliktpotential in den Familien, es wurde diskutiert und gestritten wegen den kleinsten Kleinigkeiten und das, obwohl das große Fest der Liebe vor der Tür stand – Weihnachten. Die kleine Anna konnte gar nicht verstehen, wieso die Erwachsenen überhaupt so gestresst waren, schließlich war der Winter doch eine wunderschöne Jahreszeit und Weihnachten sowieso eins der tollsten Feste im ganzen Jahr. Sie freute sich schon seit Monaten auf das besondere Fest, die selbstgemachten Plätzchen und Weihnachtsbäckereien, die tollen Lichterketten und Weihnachtsbeleuchtungen in der Siedlung, die ganzen Christbäume, die überall zur Dekoration standen - in den Gärten und Kaufhäusern, auf den Christkindlmärkten und natürlich auch in dem ein oder anderen Wohnzimmer.
War die Adventszeit für Erwachsene denn so anders? Gab es als Erwachsener nicht mindestens genauso viele Dinge, über die man sich freuen konnte, in dieser besonderen Zeit? Ihre Mutter hatte natürlich ganz schön viel Arbeit, das Haus herzurichten, das Weihnachtsessen vorzubereiten und auch sonst alle Vorbereitungen für den großen Abend zu treffen. Auch ihr Vater war ein vielbeschäftigter Mann, der täglich um sieben Uhr das Haus verließ und oft spät abends von der Arbeit zurückkam. In der Vorweihnachtszeit war es zwar seine Aufgabe, den Christbaum zu besorgen und unversehrt nach Hause zu bringen, aber auch das war doch eine Aufgabe, die Spaß machte, dachte sich Anna.
Sie war ganz in Gedanken verloren, als sie hörte, wie ein neuer Streit zwischen ihren Eltern begann. „Alles muss ich alleine machen!", schimpfte Annas Mutter. „Die ganze Arbeit bleibt an mir hängen!"
„Ich kann auch nicht mehr, als jeden Tag zu arbeiten!", entgegnete Annas Vater. „Gerade in der Vorweihnachtszeit steht der Jahresabschluss ins Haus und es ist noch stressiger als sonst in der Arbeit!", versuchte sich Annas Vater zu rechtfertigen.

LIEDER
BLUMEN
OSTERN
DUDEN
WEIHNACHT
ATLAS
MAY
MAY
MAY

„Du hast doch deine ganze Familie zu Weihnachten eingeladen!", ärgerte sich Annas Mutter weiter. „Und jetzt hab' ich noch mehr Arbeit am Hals! Ich weiß gar nicht, wann ich das alles erledigen soll!" So ging das eine Weile, bis Anna schließlich ihre Kopfhörer aufsetzte und ihre Musik ganz laut aufdrehte. Das machte sie eigentlich immer so, denn sie wollte nicht gerne mitanhören, wie sich ihre Eltern gegenseitig anschrien. Wieso mussten Erwachsene denn überhaupt so oft streiten? Naja, sie stritt mit ihrem größeren Bruder auch immer wieder mal, aber das konnte man nicht vergleichen. Erwachsene stritten irgendwie viel gemeiner, zumindest fühlte es sich immer so für Anna an.Sie schloss die Augen, konzentrierte sich auf die Musik und schlief allmählich ein, als ihr im Traum plötzlich eine kleine Weihnachtsfee erschien. „Hallo Anna!", sagt die kleine Fee freundlich. Anna freute sich unheimlich über die kleine Fee und streckte die Hand nach ihr aus. Die kleine Weihnachtsfee flog vorsichtig näher und setzte sich schließlich in Annas ausgestreckte Handfläche. „Wieso hast du mich gerufen?", fragte die kleine Fee freundlich. „Ich – dich – gerufen?", antwortete Anna verdutzt. „Ja!", entgegnete die Weihnachtsfee. „Ich erscheine nur dann in Träumen von Kindern, wenn sie etwas plagt oder wenn sie eine wichtige Frage haben." Anna schaute erstaunt. „Nun ja, eine Frage hab' ich schon", gestand Anna. „Wieso streiten Erwachsene so oft? Und warum schreien sie sich dann auch meistens so laut an?" Die kleine Fee nickte verständnisvoll und sagte: „Weißt du, Anna, wenn sich Menschen streiten, entfernen sich ihre Herzen voneinander; auch wenn sie das gar nicht wollen. Und wenn die Herzen erstmal weit auseinander sind, müssen sich die Menschen anschreien, damit sie sich überhaupt noch hören können."
„Mhmmmm." Anna musste über die Worte der kleinen Fee nachdenken. „Und wie kommen die Herzen sich dann wieder näher?", wollte sie wissen. „Wenn sich Menschen wieder versöhnen", begann die Weihnachtsfee zu erklären, „dann rutschen die Herzen langsam wieder näher und näher, und wenn sich Menschen dann noch in den Arm nehmen, sind sie wieder fest miteinander verbunden und werden wieder ganz heil!"
„Aaaah, das ist wie beim Kuscheln!", sagte Anna. „Da repariert man sich auch gegenseitig!" Die kleine Weihnachtsfee musste lachen und nickte zustimmend: „Ja genau, so ähnlich funktioniert das beim Versöhnen auch!"Ein Klopfen an der Türe riss Anna aus ihrem Traum. „Es gibt Abendessen!", rief ihr Bruder im Vorbeigehen.

Anna schüttelte sich einmal kräftig, um sicher zu gehen, dass sie auch wirklich wach war und machte sich auf den Weg in die Küche. Die ganze Familie saß bereits am Tisch und wartete auf sie. „Bist du eingeschlafen?", fragte ihr Vater. Anna musste schmunzeln. „Allerdings!", antwortete Anna. „Ich muss euch unbedingt erzählen, was ich geträumt habe!" Die Familie sah sie gespannt an und hörte aufmerksam zu, was Anna von ihrem Traum mit der kleinen Weihnachtsfee und allem, was sie ihr erklärt hatte, erzählte. Die Eltern schauten sich schuldbewusst an und versprachen, sich für die restliche Adventszeit ganz fest zu bemühen, nicht mehr zu streiten. Auch Anna und ihr Bruder gaben ihr Versprechen, sich wirklich anzustrengen, bis zu Weihnachten nicht zu streiten. „Anstatt dessen", sagte Anna mit einem Strahlen im Gesicht, „sollten wir uns viiiiiel öfter umarmen und gemeinsam kuscheln – damit repariert man sich nämlich gegenseitig!"

Der Schneehase

Es war mitten im Dezember, der Winter hatte bereits Einzug gehalten und Frau Holle hatte bislang glänzende Arbeit geleistet – die ganze Welt lag unter einer dicken Schneedecke. Es war wunderschön anzusehen dieses Winterwunderland, glitzernder Schnee und eingefrorene Äste, soweit das Auge reichte. Alle freuten sich über den vielen Schnee, vor allem die Kinder. Sie bauten Schnee-Iglus und Schanzen in den Rodelbahnen, Schneemänner und Schneefrauen – es war genügend Schnee für alle da. Auch die Waldtiere freuten sich über den Schnee, aber der ein oder andere hatte ganz schön Mühe unter der dicken Schneeschicht etwas zu fressen zu finden. So auch der kleine Schneehase. Allmählich hatte er richtig Hunger und so wagte er den Weg Richtung Siedlung. Eigentlich mieden die Tiere im Wald die Nähe der Häuser, aber der Hunger trieb ihn in die Gärten, in der Hoffnung etwas Essbares zu finden. Und tatsächlich im Garten eines Hauses, das ganz in der Nähe des Waldrandes stand, entdeckte er einen Schneemann, dessen Nase eine wunderschön saftige Karotte zierte. Er hoppelte vorsichtig Richtung Gartenzaun und buddelte sich geschickt ein kleines Loch in den Schnee, um unter dem Zaun durch zu passen. Ein Glück, dass Mutter Natur ihn so gut getarnt hatte – wie der Schnee selbst, war auch der kleine Haase schneeweiß und wenn er seine Ohren ganz flach anlegte und seine Augen zu dünnen Schlitzen formte, war er kaum noch zu sehen.
„Hallo?", fragte der kleine Schneehase leise. „Hallo!", antwortete eine freundliche Stimme. Der Schneehase war überrascht, mit einer Antwort hatte er eigentlich nicht gerechnet. Er blickte nach oben und sah den großen Herrn Schneemann freundlich grinsen. „Oh guten Abend", sagte der kleine Schneehase zum Schneemann, „ich bin Flocke!"
„Das ist aber ein schöner Name!", stellte der Schneemann fest. „Ich bin Karl-Heinz. Was führt dich zu den Häusern der Menschen, kleiner Hase?", fuhr der Schneemann fort. „Och", der Schneehase seufzte leise, „unter der dicken Schneeschicht kann ich kaum etwas zu fressen finden, und allmählich ist mein Hunger so groß, dass ich gehofft hatte, in den Gärten der Menschen etwas zu finden." Der Schneemann nickte zuversichtlich und sagte: „Nimm meine Karottennase, kleiner Hase, ich bin mir sicher,

die Kinder werden mir morgen eine neue schenken." Der Schneehase machte große Augen: „Meinst du wirklich?!" Der Schneemann nickte freundlich und streckte dem kleinen Hasen seine Karottennase entgegen. Flocke wusste gar nicht, was er sagen sollte, so überrascht und gerührt war er von der Geste des Schneemanns. „Es ist doch bald Weihnachten!", sagte der Schneemann. „Das Fest der Liebe! Wenn du Hunger hast, kleiner Hase, komm jederzeit wieder, die Kinder werden mir immer eine neue Karottennase schenken, sobald sie sehen, dass sie in meinem Gesicht fehlt. So solltest du gut über die härteste Zeit im Winter kommen." Der kleine Hase war sprachlos: „Ich weiß gar nicht, wie sehr ich dir danken kann, lieber Schneemann, das ist das schönste Geschenk, das du mir machen konntest! Und das obwohl wir uns bis gerade eben noch gar nicht kannten!" Der Schneemann blickte zufrieden auf den kleinen Hasen hinab, der voller Freude und Hunger zugleich die Karotte verputzte.

Jeden zweiten Tag kam der kleine Hase in der Dämmerung wieder und der Schneemann schenkte ihm Mal für Mal seine Karottennase. Die Kinder wunderten sich allmählich, wo die Nase des Schneemanns denn alle zwei Tage hin verschwand und beschlossen, sich auf die Lauer zu legen. Sie positionierten sich mit Decken und Kissen im Wintergarten mit direktem Blick auf den Schneemann. Als es wieder dunkel wurde, entdeckten sie den kleinen Schneehasen und freuten sich unheimlich. Noch nie hatten sie einen echten Schneehasen gesehen. Langsam verstanden sie, warum der kleine Hase immer wieder kam, er musste Hunger haben. Durch die dicke Schneedecke konnte er wahrscheinlich zu wenig zu fressen finden. Die Kinder hatten eine Idee: sie stellten dem kleinen Hasen eine ganze Futterschüssel zusammen, mit Karotten und Apfelstücken, etwas Heu und anderen Leckereien, montiertem auch dem Schneemann eine neue Karottennase und legten sich wieder auf die Lauer, um zu beobachten, ob der kleine Hase wiederkam. Und tatsächlich! Der kleine Schneehase wusste gar nicht, wie ihm geschieht, als er die große Futterschüssel vorfand, zwei Tage später als er wieder unter dem Gartenzaun durchschlupfte, um Karl-Heinz, den freundlichen Schneemann, zu besuchen. Der Schneemann lachte freundlich: „So wie Weihnachten kleiner Hase! Die Kinder haben sich auf die Lauer gelegt und uns beobachtet. Sie haben sofort verstanden, dass du Hunger haben musst und dir deswegen diese Futterschüssel zusammengestellt." Der kleine Hase war überwältigt: „Von mir aus kann jeden Tag Weihnachten sein!", sagte er lachend.

Von diesem Tag an kam der kleine Hase regelmäßig zu dem besagten Haus und dem wohl großzügigsten Schneemann, der ihm je begegnet war. Die Kinder freuten sich jedes Mal riesig, wenn sie den kleinen Hasen entdeckten und es entstand eine echte Freundschaft zwischen ihnen. Jahre später brachte der Schneehase seine ganze Familie zu dem Haus um ihnen den großartigsten Schneemann auf der ganzen Welt vorzustellen und weil er wusste, dass sie während des strengen Wintersgut umsorgt waren.

Der freche Esel aus dem Krippenspiel

Es war Anfang der Adventszeit, das Krippenspiel befand sich in den letzten Proben, alle Kostüme waren erneut hergerichtet worden, der Stall gesäubert und die Tiere ordentlich herausgeputzt. Dieses Jahr kam der Nachwuchs der Tiere zum Einsatz.
Der kleine Ochse und das Eselskind durften zum aller ersten Mal im Krippenspiel mitmachen. Normalerweise war der kleine Esel furchtbar frech und ungestüm, immer einen flotten Spruch auf den Lippen und meist auch den ein oder anderen Streich im Sinn. Der kleine Ochse hingegen war eher gemütlicher, sehr freundlicher Natur, hielt sich stets brav an die Regeln und machte so gut wie nie Ärger.
Der kleine Ochse war gerade Richtung Stall unterwegs, als er hinter den Büschen ein ganz seltsames Geräusch hörte. „Uiuiuiuiui, ist mir schlecht! Wie soll ich das denn bloß hinbekommen? Ich werd's voll vermasseln!" Der Ochse drückte ein paar Äste auf die Seite, um den kleinen Esel auf dem Boden zusammengekauert zu finden. „Was ist denn mit dir los?", fragte er. Der kleine Esel sah erschrocken auf und wurde auf der Stelle rot. „Wie hast du mich gefunden?", gab er dem Ochsen zurück. „Ich hab so seltsame Geräusche gehört, als ich hier entlang kam. Ich wollte gerade zur Probe!", sagt der kleine Ochse freundlich. „Hör mir bloß mit der Probe auf!", antwortete der kleine Esel. „Mir ist schon ganz schlecht, wenn ich nur an die große Aufführung denke!"
Der kleine Ochse konnte nicht ganz glauben, was er da hörte! Der sonst so freche Esel, der "Spitzbub" hinter beide Ohren geschrieben hatte? „Was ist denn so schlimm an der Aufführung?", wollte der Ochse wissen. „Ich bin so aufgeregt", sagte der kleine Esel, „dass ich keinen Ton rausbringe. Ich werde das Krippenspiel voll vermasseln!" Er schlug die Hufe vors Gesicht. „Armer Esel", dachte der Ochse für sich und versuchte ihn zu ermutigen: „Das schaffst du schon, Esel! Dein Text ist ja nicht allzu schwer – eigentlich musst du nur drei Mal IA IA IA sagen. Das ist doch ein Kinderspiel für dich!"
Der kleine Esel wusste, dass der Ochse eigentlich Recht hatte, aber sein Lampenfieber war wirklich, wirklich schlimm. „Na komm schon!", sagte der Ochse. „Ich habe eine Idee!" Der kleine Esel schaute verdutzt, der Ochse war doch sonst nicht so gewieft.
„Wir stehen doch nebeneinander hinter der Krippe!", fing der kleine Ochse an. Der Esel nickte, aber worauf wollte der kleine Ochse hinaus?

„Wenn du merkst, dass dein Lampenfieber schlimmer wird, gibst du mir einen kleinen Rempler", fuhr der Ochse fort. „Ja und dann?", wollte der kleine Esel wissen. „Dann steig' ich dir mit aller Kraft auf deinen Huf – da schreist du von ganz alleine IA IA!" Der kleine Ochse musste lachen und auch der kleine Esel lachte schallend mit. Das war eine wirklich geniale Idee, die der kleine Ochse da hatte. „Danke!", sagt der kleine Esel bescheiden. „Ach gern geschehen, Esel! Wir Vierbeiner müssen doch zusammenhalten." Der kleine Ochse zwinkerte dem Esel zu, gab ihm einen Rempler, so dass er wieder auf die Hufe kam und dann machten sich die beiden auf zur Generalprobe.

Bei der großen Krippenspielaufführung grinsten sich die Beiden von einem bis zum anderen Ohr an, aber den besagten Rempler als kleinen Notruf gab der Esel dem Ochsen nicht. Weil der Ochse mit seiner Idee dem kleinen Esel die Sicherheit gab, seinen Einsatz nicht zu verpassen und vor allem seinen Auftritt nicht zu vermasseln, meisterte der kleine Esel sein erstes Krippenspiel bravourös. Von da an wurden die Beiden dicke Freunde und freuten sich jedes Jahr aufs Neue, auf das gemeinsame Krippenspiel und ihren Auftritt.

Der neugierige Schneemann

Es war tiefer Winter, alles war in ein strahlendes Weiß getaucht, das in der Sonne in alle Richtungen funkelte. Die Temperaturen lagen weit unter null Grad. Perfektes Schneemann-Wetter, kalt genug, dass sie mit dem warmen Sonnenlicht nicht gleich anfingen zu schmelzen und doch alles so wunderschön weiß.
Vor einem kleinen Häuschen hoch oben auf einem Berg stand ein beeindruckender Schneemann im Garten. Er hatte irgendwie etwas Einzigartiges, aber schwer zu sagen, was genau es war. War es sein liebevoll unförmiger Körper? Seine wilden Arme, die in alle Richtungen zeigten? Sein lustiger Hut, der an einen Kaminkehrer erinnerte? Oder doch einfach nur sein besonderer Gesichtsausdruck?
Als wollte er einem etwas sagen....

Was keiner wusste, war, dass der Schneemann tatsächlich sprechen konnte, nur dass ihn die Meisten nicht hören konnten, aber der Schneemann selbst konnte die Menschen bestens verstehen. Er wunderte sich, was es mit diesem Frühling auf sich hatte. Viele der Menschen sagten oft, dass sie sich schon wieder so auf den Frühling freuten, wenn alles zu blühen anfing und so wunderschön bunt wurde. Es gab ja doch einige Menschen, die mit dem vielen Schnee nichts anfangen konnten und die kalten Temperaturen mochte auch nicht jeder. Das konnte der Schneemann zwar nicht verstehen, schließlich war der Winter seine Jahreszeit, aber die Vorstellung, dass es die Welt auch in bunt gab, war durchaus verlockend. Seine Eltern hatten ihn allerdings immer vor dem Frühling gewarnt! Da der Schnee schmelzen würde und er wirklich gefährlich sei....

„So gerne würde ich den Frühling mal erleben", sagte er leise zu sich. „Wie das wohl aussieht, wenn alles zu blühen beginnt und die Welt in Farbe getaucht wird?"
„Na wunderschön!", antwortete eine fröhliche Stimme ganz selbstverständlich. Der Schneemann wäre beinahe von seiner ersten Kugel gekippt, so überrascht war er, dass ihm jemand antwortete. Dieser jemand war ein freundlich wirkendes kleines Mädchen, der Schneemann schätzte sie auf fünf oder sechs Jahre. „Wieso kannst du mich hören?", fragte der Schneemann, als er sich wieder etwas gefangen hatte.

Das Mädchen lächelte und antwortete: „Wieso nicht?"
„Najaaaaa, eigentlich können mich die wenigstens Menschen hören oder verstehen. Bis jetzt hab ich noch nie einen kennengelernt!", gab der Schneemann zurück. „Liegt vermutlich daran, dass die meisten Menschen sich nicht mal gegenseitig zuhören!", meinte das Mädchen darauf ganz trocken. Der Schneemann war erstaunt, ganz schön gewieft dieses kleine Mädchen, die meisten Menschen waren tatsächlich nicht sehr gut im Zuhören. „Also", fuhr das Mädchen fort, „du möchtest einmal den Frühling erleben?" Das Mädchen hatte wirklich zugehört, der Schneemann kam aus seinem Staunen kaum mehr heraus. „Ja", antwortete er noch etwas verdutzt, „alle Menschen reden immer vom Frühling und dass er so wunderschön sei. So kunterbunt und unterschiedlich. Ich mag ja den Winter sehr gerne, aber die Vorstellung, dass es die Welt auch in Farbe gibt, fasziniert mich." Das Mädchen lächelte: „Kann ich verstehen! Ich mag ja alle vier Jahreszeiten sehr gerne, jede hat ihre Vor- und Nachteile, aber jede ist für sich einzigartig schön."
„Mhmmm", gab der Schneemann zurück, „gibt es nur ein großes Problem! Wenn die Sonnenstrahlen stärker werden, schmelze ich, was ja auch der Grund ist, warum Schneemänner keine Ahnung vom Frühling haben, weil noch nie einer von uns ihn erlebt oder auch überlebt hat!"

Das Mädchen legte ihren Kopf schief und überlegte kurz, für Dinge die gefroren waren und nicht auftauen sollten, hatte der Mensch ja schließlich schon eine Lösung – den Gefrierschrank. „Ich hab eine Idee!", lächelte das Mädchen den Schneemann an. „Wir besorgen dir einen Gefrierschrank mit Glastür, da kannst du Ende des Winters hinein übersiedeln und durch das Glasfenster alles genau miterleben. Was hältst du davon?"
„Was in aller Welt ist denn ein Gefrierschrank?", wollte der Schneemann wissen. „Oh! Entschuldige! Eigentlich klar, dass du nicht weißt, was das ist", sagte das Mädchen verständnisvoll. „Wir Menschen nutzen ihn, um beispielsweise Essen darin einzufrieren, damit es länger hält. Du kannst es dir vorstellen wie eine große Kiste, die durch Strom alles auf Minusgrade runter kühlt, was du hinein gibst." Das klang spannend, aber die Menschenwelt hatte einige interessante Dinge, mit denen man als Schneemann für gewöhnlich nicht in Berührung kam. „Und das würdest du für mich machen?", fragte der Schneemann noch etwas zögerlich. „Warum denn nicht?",

antwortete das Mädchen, „Wenn dass dein größter Wunsch ist und ich dir dabei helfen kann, freue ich mich, wenn du dich freust!“ Der Schneemann war sprachlos, in all den Jahren als Schneemann war ihm so etwas noch nie passiert. „Ich bin übrigens Paula!“, sagte das Mädchen lächelnd. Irgendwie lächelte es die ganze Zeit, selten hatte der Schneemann einen so freundlichen, hilfsbereiten Menschen kennen gelernt. „Ich bin Gustav“, antwortete der Schneemann. „Freut mich!“, sagte Paula mit einem Strahlen im Gesicht. „Die Freude ist ganz meinerseits!“, antwortete Gustav mit einem ebenso breiten Grinsen im Gesicht.

Paula besorgte einen zwei Meter hohen Gefrierschrank, damit Gustav sich auch wohlfühlen würde und nicht etwa eingeengt oder bedrückt war. Sie positionierte ihn direkt neben der Terrassentüre, damit Gustav auch den besten Blick in den Garten und über das ganze Tal haben würde, schließlich wohnten sie auf dem Berg und der Ausblick war einmalig. Gustav wusste gar nicht, was ihn glücklicher machte, jeden Tag die unterhaltsamen Gespräche mit der fröhlichen Paula oder die Vorfreude auf den Frühling. So oder so hatte er eine wirklich besondere Freundin gefunden, die ihm seinen größten Wunsch ermöglichte. Mit Paula gemeinsam den Frühling zu erleben, ein größeres Geschenk konnte sich Gustav gar nicht vorstellen …

Der kleine Pinguin

Jedes Jahr am Weihnachtsabend rutschten die Pinguine vom Nordpol über die große Schollenrutsche ins Meer. Das war schon Pinguintradition seit mehreren Jahrzehnten, denn am Weihnachtsabend leuchtete das Meer besonders schön. Es spiegelten sich all die hellen Sterne und Sternschnuppen wieder und machten den großen Ozean zu einem einzigen Lichtermeer. Für die Pinguinkinder war es auch ein ganz besonderer Abend, denn sie durften das erste Mal die große Schollenrutsche hinunterrutschen, um anschließend im großen Meer zu schwimmen. Sie waren die letzten Monate fleißig im Übungsbecken geschwommen, getaucht und hatten Kopfsprung geübt, um bestens auf den großen Tag vorbereitet zu sein.

Alle Pinguinkinder konnten es kaum erwarten und freuten sich schon unendlich auf den großen Abend, alle, außer einer. Der kleine Pinguin namens Pino fürchtete sich vor dem großen Wasser. Der Ozean war wunderschön und mit all den Sternenlichtern, die sich am Weihnachtsabend widerspiegelten, war er bestimmt noch atemberaubender, aber vor allem war er riesengroß. Was wenn er untergehen würde, wenn der große Ozean ihn einfach verschlucken würde …

Pino saß auf seiner Scholle, ganz in Gedanken verloren, als seine beste Freundin Frida des Weges kam. „Hey Pino!“, rief sie schon von der Ferne. „Lust, im Übungsbecken ein paar Kopfsprünge zu machen?“ Pino sah auf und wusste, dass Frida in Sekundenschnelle merken würde, dass mit ihm etwas nicht stimmt. Frida kannte ihn einfach in und auswendig, ihr konnte er nichts vormachen. „Was machst du denn für ein Gesicht?“, fragte sie, als sie sich zu ihm setzte. Pino druckste etwas rum, eigentlich wollte er ihr seine Angst nicht gestehen. Sie war ja auch ziemlich unbegründet, schließlich war er ein Pinguin und alle Pinguine waren hervorragende Schwimmer. „Machst du dir Gedanken wegen der großen Schollenrutsche ins Meer?“, fragte Frida plötzlich.

Wie macht sie das nur, dachte Pino, als könnte Frida Gedanken lesen. „Vielleicht ein bisschen“, gab er leise zu. „Das wird total fantastisch!“, versuchte Frida ihn zu begeistern. „Vielleicht“, sagte Pino genauso leise wie eben. „Was hältst du davon, wenn wir beide gemeinsam rutschen?“, fragte Frida vorsichtig.

„Wie meinst du das?", wollte Pino wissen. „Naja", sagte sie, „ein bisschen ein mulmiges Gefühl hab ich schon", gab Frida zu. „Aber wenn wir Flosse in Flosse da hineinrutschen, wird das bestimmt ein ganz tolles Erlebnis und wir bestärken uns gegenseitig!", fuhr Frida fort. „Ich kann deine Flosse drücken, wenn ich ein bisschen Angst hab, und du meine. Und wenn wir erstmal im großen Ozean sind, können wir gemeinsam wieder ans Ufer zu den Schollen schwimmen? Was meinst du?" Pino war erleichtert, Frida war einfach die allerbeste Freundin, die man sich vorstellen konnte! „Komm", sagt sie, „lass uns gleich mal Flosse in Flosse ins Übungsbecken springen und ausprobieren, wie das klappt!" Pino nickte und strahlte sie an: „Gute Idee, Frida!" Sie watschelten rüber zum Übungsbecken und probierten sämtliche Varianten, die ihnen in den Sinn kamen.

Einige Tage später war der große Abend gekommen. Der Ozean war wahrhaftig ein einziges Lichtermeer, wunderschön hell funkelnd. Pino und Frida waren die nächsten an der Reihe, bis jetzt hatte das Meer jedes Pinguinkind wieder sicher zurück an die Scholle gebracht und trotzdem stieg die Spannung. Sie stiegen gemeinsam auf die große Schollenrutsche, Flosse in Flosse. Pino drückte einmal fest zu und Frida erwiderte das Signal, in dem sie Pinos Flosse zweimal zurückdrückte. Dann flüsterte sie: „Das wird großartig!" Und schon rutschten sie mit einem Affenzahn auf ihren Bäuchen Richtung Lichtermeer. Beide tauchten gemeinsam auf und schwammen Flosse an Flosse zurück zur Scholle. „Das WAR großartig!", strahlte Pino Frida an und sie umarmten sich vor Freude. „Mit dir an meiner Seite ist kein Ozean zu groß, keine Schollenrutsche zu hoch – gemeinsam schaffen wir einfach alles!" Pino war überglücklich und unheimlich erleichtert. Diese Geschichte würde er später einmal ganz stolz seinen Kindern erzählen!

Das weiße Pony und der Weihnachtsmann

Seit drei Jahren bekam der Weihnachtsmann nun die Briefe von der kleinen Elli, und jedes Jahr wieder wünschte sie sich ein kuscheliges, weißes Pony. Es gab eine Regel beim Weihnachtsmann, wenn sich Kinder richtig große Wünsche hatten, dann mussten sie sich mindestens drei Jahre in Folge genau denselben Wunsch wünschen, erst dann erfüllte ihn der Weihnachtsmann auch. Vor allem bei Haustieren war der Weihnachtsmann sehr sorgsam, wenn das Kind sich schließlich nach einigen Monaten gar nicht mehr für das gewünschte Haustier interessierte, war das nicht zu verantworten. Also ging der Weihnachtsmann mit seiner 3-Jahres-Regel auf Nummer sicher.

Außerdem lieferte er tatsächlich nicht sonderlich gerne Ponys aus, die waren immer so stur und unfolgsam. Zusätzlich nahmen sie auf dem Schlitten ganz schön viel Platz weg, schwerer als die gewöhnlichen Geschenke waren sie auch noch, was deutlich mehr Anstrengung für seine Rentiere bedeutete, und die kleinen wuscheligen Wesen zu überreden durch den Kamin zu rutschen, war auch immer eine ganz schöne Herausforderung! Aber dieses Jahr war es wohl wieder soweit, denn die kleine Elli wünschte sich schon sehr lange ein Pony.

Der Schlitten war gepackt, die Rentiere in guter Form und das kleine Pony mit an Bord – es konnte also losgehen. Gott sei Dank, war dieses Pony auch schwindelfrei, es schien den Flug sogar zu genießen, der Fahrtwind um die Nase, die Loopings, die der Weihnachtsmann mit seinen Rentieren geschickt lenkte, das Pony war ein echt angenehmer Zeitgenosse, dachte der Weihnachtsmann. Dem letzten Pony wurde beim Transport so schlecht, dass der Weihnachtsmann seinen Schlitten mehrmals anhalten musste.

Endlich bei dem Haus der kleinen Elli angekommen, war es Zeit das weiße Pony abzuliefern, doch da gab es ein Problem. „Sag nicht, dass du dich auch weigerst durch den Kamin zu rutschen?“, sagte der Weihnachtsmann mit vorwurfsvollem Blick. Das weiße Pony schüttelte den Kopf: „Aber nein, lieber Weihnachtsmann, das ist es nicht. Nur hat sich doch die kleine Elli ein kuscheliges, weißes Pony gewünscht, nicht?“

Der Weihnachtsmann verstand nicht, worauf das Pony hinaus wollte, da fuhr es fort: „Wenn ich nun mit dir durch den Kamin rutsche, bin ich pechschwarz und mein Fell wohl eher verklebt und struppig." Aaaaaaah, jetzt verstand der Weihnachtsmann die Sorgen des kleinen Ponys. „Da hast du wohl rech.", gab der Weihnachtsmann zu. „Und was machen wir jetzt?"
„Ich könnte mich doch im Garten verstecken und du legst einen Hinweis in den Kamin?", schlug das Pony vor. Elli war nun schon acht Jahre alt, sie würde so einen Hinweis wohl durchaus verstehen und sich auf die Suche machen. „Also gut!", sagte der Weihnachtsmann. „Dann versteck dich gut, weißes Pony, der viele Schnee mag dir dabei helfen, aber deine große, glänzend rote Schleife kann man schnell entdecken!"
„Ich verstecke mich zwischen den zwei Sträuchern", erwiderte das Pony, „und wenn Elli den Hinweis gefunden hat und raus in den Garten kommt, um mich zu suchen, dann wiehere ich kräftig." Das klingt nach einem Plan, dachte der Weihnachtsmann, verabschiedete sich freundlich von dem weißen Pony und flog mit seinem Schlitten weiter.
Am nächsten Tag konnte es die kleine Elli gar nicht glauben, als endlich ihr so schwerst-ersehntes, weißes Pony im Garten stand und ihr fröhlich zu wieherte. Sie war überglücklich und sorgte sich von diesem wunderschönen Weihnachten an, jeden Tag um ihr heißgeliebtes Pony.

Das verlorene Geschenk

Es war Weihnachtsabend und die letzten Vorbereitungen waren in vollem Gange. Der Schlitten vom Weihnachtsmann war randvoll mit den verschiedensten Geschenken bepackt, und die Wichtel gaben sich die größte Mühe alles so zu fixieren, dass die wertvolle Fracht auch sicher an ihrem Bestimmungsort ankommen würde.
Die Rentiere warteten schon etwas ungeduldig auf ihren Einsatz, als endlich der Weihnachtsmann aus seinem Häuschen kam, und es schließlich losging. Mit kritischem Blick ging der Weihnachtsmann um seinen Schlitten, kontrollierte die Fixierung der zahlreichen Geschenke, begutachtete seine Rentiere und das Gespann, klopfte jedem einzelnen Rentier einmal kräftig am Hals und sagte: „Na, können wir endlich loslegen meine treuen Gefährten?“ Ein Schnauben und Nicken ging durch die Rentierreihen und mit einem Ruck nahm er auf seinem Schlitten Platz, schnalzte zweimal kräftig und schon setzte sich das ganze Gefährt in Bewegung. Die Rentiere liefen immer schneller und schneller, bis sich der Schlitten schließlich in die Lüfte schwang und der Weihnachtsmann allmählich nur noch aus der Ferne winkte. Die Weihnachtswichtel waren erleichtert, dass alles so glatt gegangen war. Die letzten Tage vor Weihnachten waren doch immer ein echter Hochleistungsakt, um alles pünktlich fertig zu bekommen. Doch was blitzte da unter den Ästen einer kleinen Tanne hervor? Geschenkpapier? Oh nein! Wie konnte das sein? Ein kleines Geschenk war sichtlich bei dem eifrigen Start der Rentiere vom Schlitten gerutscht. Wie konnten sie denn dieses Missgeschick beheben? Die Weihnachtswichtel waren ganz außer sich, liefen unruhig auf und ab, bis einer aus der Menge hervor trat und sagte: „Ich hab eine Idee! Auf dem Geschenk ist die Adresse notiert, was, wenn wir es zu einem Oberengel bringen und ihn bitten es auszuliefern?“
„Aber Engel dürfen doch maximal bis zum Himmelstor fliegen?“, entgegnete ein anderer. „Einen Versuch ist es wert!“, warf ein weiterer Weihnachtswichtel ein. „Also gut“, sagt einer der Oberweihnachtswichtel, „ich werde es zu den Engeln bringen und sie fragen, ob einer von ihnen das Risiko auf sich nimmt und es auf die Erde zu der besagten Adresse bringt!“

Der Oberweihnachtswichtel machte sich auf den Weg und fand auch gleich einen der Engel. „Lieber Engel“, begann der Wichtel, „es ist ein Unglück passiert, bei dem eifrigen Start unserer Rentiere, ist ein kleines Geschenk vom Schlitten gerutscht und nun ist es hier anstatt auf dem Schlitten des Weihnachtsmanns. Es muss dringend auf die Erde zu der besagten Adresse gebracht werden, sonst ist ein Kind bestimmt sehr traurig und das darf doch am Weihnachtsabend nicht der Fall sein!“ Der Engel war überrascht, das war in all den Jahren noch nie vorgekommen. Die Weihnachtswichtel arbeiteten sehr gewissenhaft und fixierten die Geschenke stets so, dass sie selbst bei dem ein oder anderen Looping, den der Weihnachtsmann gerne mal einlegte, nie verloren gingen. Auch der Weihnachtsmann kontrollierte zusätzlich vor dem Start seinen Schlitten und sämtliche Fixierungen. „Ich verstehe“, antwortete der Engel freundlich, „allerdings gibt es da ein Problem! Uns Engeln ist es untersagt, auf die Erde zu fliegen, wir dürfen maximal bis zum Himmelstor, das ist euch doch bekannt?“
„Ich weiß, ich weiß“, entgegnete der Weihnachtswichtel, „aber könnt ihr denn unter diesen Umständen keine Ausnahme machen?“ Der Engel überlegte kurz und begann zu lächeln, als ihm eine Lösung in den Sinn kam: „Ich werde unseren Engel des Friedens fragen! Er ist der Einzige, dem es erlaubt ist, auf die Erde zu fliegen und unversehrt zurück zu kehren. Ich bin mir sicher, er wird sich gleich auf den Weg machen!“ Dem Oberwichtel fiel ein Stein vom Herzen, er bedankte sich etliche Male bei dem Engel und kehrte mit den guten Neuigkeiten zu den anderen Weihnachtswichteln zurück.
Als der Friedensengel erfuhr, was für eine besondere Aufgabe ihm am heutigen Weihnachtsabend zuteilwurde, machte er sich sofort auf den Weg. Die Adresse kam ihm bekannt vor, in der Gegend hatte er letzten Monat zu tun, und so flog er, so schnell er konnte Richtung Erde. Eine angenehme Überraschung dachte sich der Friedensengel, zu Weihnachten war die Erde besonders schön. All die Häuser und Gärten, die mit Lichtern und Christbaumschmuck dekoriert waren, der blitzweiße Schnee, der im Mondlicht so wunderbar schimmerte. Im Nu war er bei dem Häuschen angekommen, sah sich einmal um und warf einen vorsichtigen Blick in den Kamin – keiner zusehen. Also ließ er geschickt das kleine Geschenk durch den Kamin gleiten und wartete, bis das erahnte Geräusch erklang, dem zu entnehmen war, dass das Geschenk sicher unten angekommen war. Er nickte zufrieden, genoss noch einmal den Blick über die Hausdächer und machte sich dann still und heimlich wieder auf den Heimweg.

Zuhause angekommen, flog er bei den Weihnachtswichteln vorbei, um ihnen die erfolgreiche Zustellung zu bestätigen. Die Weihnachtswichtel waren ganz dankbar und erleichtert.
Als der Weihnachtsmann nach seiner langen Reise endlich wieder bei den Wichteln ankam, war er ganz aufgelöst ob des verlorenen Geschenks. Schließlich hatte er es auf seiner Liste stehen, aber nirgends auf dem Schlitten finden können. Die Weihnachtswichtel konnten ihn so gleich beruhigen und erzählten ihm von dem hilfsbereiten Oberengeln, der den Engel des Friedens darum gebeten hatte. Nach all der Aufregung sank der Weihnachtsmann erschöpft, aber glücklich in seinen großen Ohrensessel und beschloss ein kleines Fest für seine schlauen Wichtel und die freundlichen Engel auszurichten. Sie hatten Weihnachten gerettet.

Stephanie Reisberger, in Wien geboren und aufgewachsen, lebt nun schon seit einigen Jahren mit ihrem Mann, Sohn und fünf Pferden im wunderschönen Oberbayern.
Sie ist gelernte Ergotherapeutin, Jungpferdetrainerin und Reitlehrerin für Groß und Klein.
Auf dem Weg zur vollen Entfaltung des eigenen Potentials sind Liebe, Lob, Mut, Vertrauen und Wertschätzung wichtige Eckpfeiler in ihrer alltäglichen Arbeit mit Mensch und Tier.
In ihrem ersten Kinderbuch nimmt sie ihre Leser mit in eine Welt voller Möglichkeiten, Zauber & Wunder.